U0139399

成聖之道

——北宋二程修養工夫論之研究

溫偉耀著

比較研究叢刊

吳有能主編

文史哲出版社印行

國家圖書館出版品預行編目資料

成聖之道：北宋二程修養工夫論之研究 / 溫偉
耀著. -- 初版. -- 臺北市：文史哲，民85
　　面；　公分. --（比較研究叢刊；2）
參考書目：面
含索引
ISBN 957-549-029-0（平裝）

1.（宋）程顥 - 學術思想 - 哲學　2.（宋）
程頤 - 學術思想 -哲學

125.2　　　　　　　　　　　　　　85008378

比較研究叢刊　②

吳有能主編

成聖之道──北宋二程修養工夫論之研究

著　　者：溫　　　偉　　　耀
出版者：文　史　哲　出　版　社
登記證字號：行政院新聞局局版臺業字五三三七號
發行人：彭　　　正　　　雄
發行所：文　史　哲　出　版　社
印刷者：文　史　哲　出　版　社
　　　　臺北市羅斯福路一段七十二巷四號
　　　　郵撥〇五一二八八一二　彭正雄帳戶
　　　　電話：（〇二）三五一一〇二八

實價新台幣 三二〇元

中華民國八十五年十月初版

版權所有·翻印必究
ISBN　957-549-029-0

比較研究叢刊總序

　　如果說二十世紀的世界是地球村時代，那麼二十一世紀的世界應是網路村時代了，地理間距的不便必將因為資訊交通的發達而被克服，科技的發展、資訊的流通，特別是網路的普及，將全球化過程急速加劇。

　　在這樣一個世界中，沒有一個國家可自外於其他國家，更沒有一個文化可以自絕於世界文化之外。面對這樣一個形勢，今天我們在走向二十一世紀的過程中，就必須有國際的關懷，全球的視野，而比較研究最足以開展我們的眼界，拓深我們的了解；通過比較，不但文化的異同得以彰顯，更重要的是我們可以擴充視野，增加看問題的不同觀點。通過這樣一個過程，我們不但可了解對方，更可以進一步在對比中深化自我的了解。知己知彼，一定大有助於我們在下一世紀中走出中國人的康莊坦途。

　　其實，比較可說是人類最基本的思維模式之一，古人仰觀天文，俯察地理，以和人文進行對比，這種認知思維活動背後就含藏著比較的成份。事實上，中國古代哲人就常常運用比較法進行思考。孔子談因革損益，就可以看成為比較思維的結果。

　　不過，到底何謂比較研究法呢？這個問題自然不是這樣

一篇短文可以詳加交代的，在這裡我們也只是略談梗概而已。從對象方面說，顯然的，比較法所涉及的比較對象，必然多於一個，才可以稱之爲比較法。可是，值得一提的是，通常一談比較哲學、比教宗教學或比較文學，人們自然就會想到跨文化的比較（Inter-cultural comparision），如中西比較、中印比較等，而實際上近代學人在這些方面用力較多，自然也容易給人這樣一個印象。

跨文化的比較當然是比較文化研究中的重要一支，但是單一文化中的比較研究也很重要。所謂單一文化中的比較研究，指的是比較研究的對象是屬於同一文化的，然而進一步說，單一文化中的比較研究，又可依時、地、人三者分爲三大類。

從時間上看，我們可以比較不同階段，如比較漢宋儒學之異同，或同一個觀念的在歷史上的不同變遷，如較論致知概念的演變等。從地域上看，我們可以比較不同地域的學風，如南北經學之異同、齊魯與荊楚文化之異同等。而從人物上看，我們可以比較不同學者，如朱陸異同，也可以比較同一個思想家的前後期的變化，如王學三變、朱熹中和說之演變等；此外，學術人物往往轉相結合成爲學派，而對於不同學派的比較，當然也屬於比較研究的範疇，譬如我們可以比較天臺與華嚴的異同、儒道法的異同等等。

綜而言之，無論是跨文化的，抑或是單一文化的比較研究，從比較的對象言，所涉及的對象必然是超過一個的，這是比較研究的根本特性。當然，在邁向二十一世紀的世界化

途程中，中外比較研究還是最吸引人的。

　　可惜，時至今日我們總體的成績還是十分有限。有鑑於此，我們決定出版比較研究叢刊，藉著刊印人文學中優秀的比較研究論著，希望能為比較研究的推動，多盡一份心力。很榮幸的是，我們這個構想，初步已得到國內外著名學人的支持，目前這套叢刊已收集到國際著名比較宗教學專家秦家懿教授、著名神哲學家溫偉耀教授、比較哲學名家陳榮灼教授等大作，將於近年陸續出版。我們希望在將來，這套叢刊能收到更多優秀的學術論著，讓讀者一起分享高水準的好書，並從而進一步反思中國及世界的文化前程，讓人類邁向更光明的未來。

　　個人在治學方面，受業師勞思光先生啟導良多，勞師致力將中國哲學放在世界哲學的配景中進行研究，實為個人從事比較研究的啟蒙，適值思光先生七十大壽，謹以此序為頌！

　　　　　　　　丙子年八月八日**吳有能**序於台北

自　序

　　這一本書是從我一九九零年呈交香港中文大學的博士論文改寫而成的。而那一篇論文的寫作和完成，亦可以說是標誌著我生命一個階段的結束。

　　一九八五年九月我開始在中文大學修讀中國哲學博士的學位。同一個月，妻子發現患上絕症，而小女兒亦被證實是先天性智力不健全。在往後的兩年之中，我自己一人獨力承擔起對妻子和兩個女兒的照顧責任。其間的沈痛和壓力，幾次叫我的寫作似乎無法再繼續了。然而，我始終放不下。直到一九八七年，在不及半年之間，慈父與妻子竟相繼離世。在一連串痛不欲生的打擊之中，我漸漸發現，那篇論文的信念和寫作，原來已成了我對生命仍然執著和追尋的象徵。在學問工夫方面，我可能仍有許多缺欠。但在道德生命的追尋上，我卻不諱言是真誠和熱切的。正就是這種對道德生命探索的執著，使我在千般困難和痛苦的日子中，從未一刻想過放棄論文的寫作。

　　在那段最艱難的日子，勞思光老師對人生深度的體會和省察，在跟他論學之中常帶給我啓迪和鼓勵。勞老師的說話不多，但皆一語中的，發人深省。他的學思是我衷心佩服的。

　　八九年秋，我離開香港這個自己成長、但帶給自己傷痛

的地方，移居加拿大。同一段日子，我續弦再娶。賢妻麗芬帶來我生命莫大的祝福。她的柔情、體貼和鼓勵，叫我有勇氣再揭開人生嶄新的一頁。在加國稍作安頓，我就全力投入寫作。多少個力竭思考和掙扎的晚上，麗芬總是陪伴在旁，有時候給我弄點小吃、有時候成為我未成熟論點的唯一聽眾、有時候替我編錄書目……。她的支持成了我寫作的動力，她的賢德成了我論點的靈感。既然她是原作論文背後的靈魂，也陪伴著它的成長，理應這本書是獻給她，我的賢妻麗芬。

溫偉耀

九五年聖誕節

柳溪多青果徑

導　言

　　中國文化大動脈中的終極關心問題，正如當代大儒牟宗三所言，是『如何成德，如何成就人品的問題。』[1] 而道德修養的工夫，當然就更是中國儒學的精粹所在。

　　由先秦孔、孟對道德自覺的體悟，發展至宋明儒學的出現，不但建立了博大精深的哲學體系。重要的是，經過魏晉、隋唐道佛兩家的刺激，宋明儒對人心負面有了更深刻的認識，就不能再空洞地只談道德生命的理想，而是要落實在細密的道德修養工夫論上。[2] 而事實上，自我修養的工夫，如何成為聖人的研究，正是宋明儒學最獨特的成就和貢獻。[3]

　　北宋的程顥（明道）、程頤（伊川）兄弟，突破西漢以後儒學家以宇宙論為主導的意向，重新抓緊涵養省察的自我修養工夫，令孔孟道德「內省」工夫，經歷千多年的暗昧之

---

[1] 牟宗三：《中國文化的省察（牟宗三講演錄）》（台北：聯合報社，1984），第 104 頁。

[2] 參曾昭旭：《道德與道德實踐》（台北：漢光文化事業，1985），第 184-185 頁。

[3] 參見杜維明：《人性與自我修養》（台北：聯經，1992），第五章「宋明儒學的『人』的概念」；第六章「從宋明儒學的觀點看『知行合一』」；第七章「內在經驗：宋明儒學思想中的創造基礎」（第 94-150 頁）。

後，得以再現。對中國儒學的復興和深化，具有不可置異的
貢獻。[4] 在他們之前的北宋儒學家，邵雍（1011-1077）旨在
術數之學，在道德工夫論上無大建樹。[5] 周敦頤（1017-
1073）與張載（1020-1077），雖然已自覺地排佛教輕漢儒，
『但依客觀標準看，則二人尚未完全擺脫漢儒之「宇宙論中
心之哲學」之影響，與孔孟之「心性論」距離尚大』。[6] 故二
程兄弟才是真正以人文界為主體、道德修養工夫為主導的先
驅者。因此，對二程道德修養工夫論的深入研究，不但與二
程的思想重心相應，在中國儒學的歷史發展角度來說，也是
必須的。

　　馮友蘭嘗謂：『程氏兄弟二人，開一代思想之二大派，
亦可謂罕有者矣。』[7] 這裏所謂「二大派」當然是指由程伊川
下開的南宋儒學家朱熹（1130-1200）的理學，和由程明道下
開的宋明儒學家陸（象山 1139-1193）王（陽明 1472-1529）
的心學。[8] 而歷史上的所謂「朱陸之爭」，世論者皆看得出，
絕不只是「性即理」抑「心即理」的形而上學問題，而是在

---

[4]　見徐復觀：「程朱異同」，《中國思想史論集續編》（台北：時報文
　　化，1982），第 575-578 頁。

[5]　朱熹編《近思錄》，不採邵雍之言。勞思光先生甚至判之為『非儒
　　學』。見勞思光：《中國哲學史》〔第三卷上冊〕（香港：友聯，
　　1980），第 182 頁。

[6]　同上，第 53 頁。

[7]　馮友蘭：《中國哲學史》（上海：商務，1935），第 875-876 頁。

[8]　同上，第 869 頁。

於兩人對道德修養工夫的不同體會。[9] 無論雙方互判「太簡」抑「支離」，自述「尊德性」抑「道問學」，皆源於道德工夫論之不同。其實朱、陸之異，可以代表兩種各具深度、但極不相同的道德實踐體驗。體驗不同，引申出的修養工夫自然不同，從而對心、性的解悟亦不同。近代牟宗三寫三冊的《心體與性體》（1968/69），就更將它們之間的對立性推向另一高峰。然而，這兩種對道德實踐不同的體驗和工夫，是否有溝通對話的機會？筆者認爲可以溯本追源於它們的起始點──二程兄弟。蓋程氏兄弟雖然有其各自不同的學思發展，但並未因爲不同的體驗而相互突出他們之間的差異。此中是否有可以相互交匯的契機？這是本書要問的其中一個問題。若然答案是正面的，則二程工夫論的研究，就不單止於古典哲學家的疏解，而是打開自朱陸之爭以來不同儒學體驗的一個會通新路向。

　　本書的寫作，不單旨在透過將二程兄弟不相同的道德修養工夫論相互對話會通，以化解儒學發展中的派性對立。本書亦嘗試運用科際對話（Inter-disciplinary Dialogue）及哲學詮釋學（Philosophical Hermeneutics）的方法，去整理和消化二程的哲學思想，從而指出中國北宋二程的道德工夫論對現代世界哲學的意義和貢獻。以下簡列本書各章的重點。

　　第一章「序論：關於二程的研究」，是透過民國以來關

9　參牟宗三：《從陸象山到劉蕺山》（台北：學生書局，1979），第二
　　章「象山與朱子之爭辯」（第81-212頁）。

於二程研究的歷史考察，指出二程的哲學在學術界中，仍未普遍受到應有的重視。大部份有關的論著，只停留在將資料分題綜合的階段，缺乏具哲學深度的詮釋。由此而引申出本書的立場，是運用詮釋的方法，去透識二程著作背後的道德義理規模，進而作哲學性的消化。

第二章「程明道即『一本』言工夫之義理格局」，主要是深入探討程明道所理解的「一本」境界。一方面，「一本」是一種圓頓的觀照境界。另一方面，「一本」亦是一種極度簡單化的道德生命境界。就工夫論來說，這種境界性的躍昇和體悟，亦仍然需要有『閑邪』與『減』（簡約）的操練，和誠、敬、慎獨的悟後把持工夫。

第三章「程伊川之致知與涵養工夫」，是藉著程伊川對「格物致知」工夫的體會和講論，運用哲學詮釋學整理出一套較全面地由「聞見之知」轉化出「德性之知」的道德工夫。伊川的格物窮理之學，有四方面不同的進路：即讀聖賢典籍、體察歷史人物、日常生活中的待人接物，及觀天地萬物氣象。而每種進路，都提供了道德生命轉化的契機。籍著自決的意志把持力（「敬」）和工夫實踐操練的歷程，這四方面「聞見之知」的起始點和契機，就可以成就道德生命的提昇，轉化出「德性之知」的體會。

第四章「視域與觀照：二程工夫論之會通」，則嘗試將程明道和程伊川個別在道德工夫方面的獨特見解，放在一起對話和會通。二程兄弟雖然有氣質上和體會上的不同，但對於「修——悟——把持」三元相依的義理格局，則並不相悖。

令他們在道德工夫論相異的核心問題，是二人對「覺悟」的
不同體認。程明道的工夫論，是從圓頓的觀照境界入，重點
是簡約原則和極度簡單化的生命情調。而程伊川的工夫論，
則從致知和涵養入，重點是透過集義存誠，而體悟內在道德
生命的提昇。雖然二人在體會上有異，但程氏兄弟對宋明儒
學的影響和道德工夫論方面的貢獻，則無可置異。

凡　例

1. 本書引用二程著作，按照以下縮寫方式標注：

    《遺書》＝《河南程氏遺書》，編入《二程全書》

    《外書》＝《河南程氏外書》，編入《二程全書》

    《粹言》＝《河南程氏粹言》，編入《二程全書》

    《明道學案》＝黃宗羲《宋元學案》中之《明道學案》

    《伊川學案》＝黃宗羲《宋元學案》中之《伊川學案》

    《識仁篇》＝載《遺書》卷二上。《明道學案》別標之為
    　　　　　　　《識仁篇》

    《定性書》＝程明道「答橫渠張子厚先生書」，編入《二
    　　　　　　　程全書》《河南程氏文集》卷二（明道先生
    　　　　　　　文二）

2. 文中引用二程著作時之強調號，除特別注明以外，皆筆者
    所加。

3. 當代學人在正文引用時，男性概稱「先生」，女性概稱
    「女士」。已故學人則概不加尊稱。

4. 本論文較常引用之西方哲學詞彙作如下的翻譯：

    'cognition' 譯作「認知」；

    'understanding' 譯作「理解」；

    'interpretation' 譯作「解釋」；

    'hermeneutics' 譯作「詮釋」；

'Being' 譯作「存有」；

'essence' 譯作「本質」；

'existence' 譯作「存在」；

'Dasein' 譯作「人的在此存在」；

'existential' 譯作「實存（的）」；

'subjectivity' 譯作「主體性」；

'subjective agent' 譯作「主體」；

'ontology' 譯作「本體學（論）」；

'phenomenology' 譯作「現象學」。

成聖之道

——北宋二程修養工夫論之研究

目　錄

第一章　序論：關於二程的研究

　　北宋儒學家程顥（1032—1085）、程頤（1033—1107）兄弟，世合稱「二程」。大程子程顥，字伯淳，稱明道先生。二程子程頤，字正叔，稱伊川先生。二程與周敦頤（濂溪，1017—1073）、張載（橫渠，1020—1077）等皆北宋儒學的奠基和開創者。二程兄弟一生除出任地方及中央官職之外，主要是在河南洛陽講學授徒，自成學派，後世稱「洛學」。[1]

　　二程的哲學思想及講論，由門人記錄爲語錄，編集成書，再加上二人所寫文章、書簡的結集，在宋代已分別單獨刊行的，包括《河南程氏遺書》、《河南程氏外書》、《河南程氏文集》、《周易程氏傳》（程伊川所著）、《河南程氏經說》及《河南程氏粹言》等六種，明代以後加上《遺文》及附錄等合併而成《二程全書》。《二程全書》刻本以

1　「洛學」的詳細歷史發展，可參徐遠和：《洛學源流》（濟南：齊魯書社，1987）。關於二程兄弟生平年譜，見盧連章：《二程學譜》（鄭州：中州古籍，1988），第 1-50 頁；管道中：《二程研究》（上海：中華書局，1937）第三編「二程年譜」（第 219-346 頁）；龐萬里：《二程哲學體系》（北京：航空航天大學，1992），第 12-30 頁。

清代同治十年（1871）涂宗瀛校訂的刻本較佳。[2] 1981 年北京中華書局「理學叢書」出版由王孝魚點校之《二程集》（全四冊），是二程全部著作的匯集。

一、民國以來二程思想研究的發展

二程的哲學思想雖然對宋明儒學有極深遠的影響，但在學術研究方面一直並未受到應有的重視。其中原因可能是因為南宋朱熹繼承二程（主要是程伊川）而開展其理學體系，世多以「程朱」學派並稱。由於朱熹作品的浩瀚和被納入官學而成為主流正統，其光芒將二程蓋過。論者就傾向把二程思想只視為一種過渡的階段，而以為朱熹的理學系統足可以取代他們的貢獻。故自民國以來，對二程思想作獨立研究的並不太多。大部份的論述，只限於在一般中國哲學史關於北宋理學開始時期的討論中簡略提及。這種對二程思想普遍忽略的情況，是非常可惜的。以下就時期先後，將民國以來對二程研究的著作加以整理，勾劃出其發展的大勢，[3] 以引進本書之研究立場、方法論及可以貢獻的地方。

---

[2] 參見劉建國：《中國哲學史史料學概要》（上）（吉林：人民，1981），第 456-462 頁，「程顥、程頤的思想史料」。

[3] 本節只觸及其中部分較有獨特價值的著作。較全面的論二程資料編錄，可參看本書所附「參考資料選輯」中的「二、民國以來直接論二程的主要著作」的完整書目。又由於本節所涉及的論者大多為尚存的當代學者，為免行文累贅，正文及註釋中人名一概不加稱號。此中並無任何不敬之意。

　　綜觀民國以來的二程研究，大致可以劃分爲四個階段：
中日戰爭以前是一個階段；由三〇年代後期至牟宗三《心體
與性體》第二冊（1968）是第二個階段；由牟宗三論二程至
八一年中國大陸出版《二程集》是第三個階段；八〇年代至
今是第四個階段。至於此各階段之發展概要，就是以下各分
節的課題。

㈠中日戰爭以前的二程研究

　　自經過五四運動（1919）之後，國人對傳統中國哲學的
研究和態度，跟清代或以前都有了不同的立場。加上留學西
方的中國學者帶回了西方的哲學和哲學史訓練，宋明儒學的
研究（二程包括在內）遂進入一個新的階段。

　　就二程的研究來說，三〇年代初馮友蘭的《中國哲學
史》算是最早而較有系統和深入的研究。[4] 馮著的特色和貢
獻，不但在於用較詳細的篇章處理二程，而且一直用比較的
手法把明道和伊川的思想歸入不同的範疇中去陳述。其要旨
是指出二人不但不能隨便視作同一家之言，而且看出『二人
之學，開此後宋明道學中所謂程朱陸王之二派，亦可稱爲理

---

[4]　雖然馮著於 1935 年由上海商務印書局印行，然按周世輔：「六十年
　　來之中國哲學思想」，《哲學論文集》（第四輯）〔中國哲學會編〕
　　（台北：商務，1973），第 194 頁載，馮友蘭於 1931 年 6 月已完成
　　其《哲學史》第二篇（即包括二程在內）。雖然馮友蘭以前也有零碎
　　的有關二程哲學著作，如謝无量：《中國哲學史》（上海：中華書
　　局，1916）及賈豐臻：《宋學》（上海：商務，1929）等，但皆簡單
　　而無獨特貢獻。

學心學之二派。程伊川為程朱，即理學一派之先驅，而程明道則陸王，即心學一派之先驅也。」[5] 除此之外，馮著亦嘗試用西方哲學的角度去理解，例如用希臘柏拉圖的理形觀去詮釋二程之「理」。無論馮友蘭的努力是否成功，他能看出『〔程氏〕兄弟二人，開一代思想之二大派，亦可謂罕有者矣』，[6] 其本身的著作亦可算一劃時代的作品。

　　與馮友蘭同時期的其他二程研究，亦有獨特的成就。首先，何炳松在 1928 年已提出「程朱辨異」的見解。[7] 至 1932 年出版其《浙東學派溯源》，極力將程伊川的哲學地位從「朱子學」的陰影中分別出來，反對程、朱二人同屬一派的說法。如此一來，何炳松將伊川的地位提到極高，並認為南宋以後並非只有程朱和陸王兩派，而是有三個系統：『由佛家思想脫胎出來的陸九淵一派心學，由道家思想脫胎出來的朱熹一派道學，和承繼儒家正宗思想而轉入史學研究的程頤一派。』[8]

　　另一貢獻深遠的作品，是姚名達在 1936 年由上海商務印書館出版的《程伊川年譜》。這本厚達三百頁的年譜，將伊川生平有關的資料旁徵博引地按年份編集起來，其中亦包括

---

[5] 馮友蘭：《中國哲學史》（上海：商務，1935），第 869 頁。

[6] 馮友蘭：《中國哲學史》（上海：商務，1935），第 875-876 頁。

[7] 見何炳松：《浙東學派溯源》（上海：商務，1932），「自序」，第 1頁。何炳松亦於《東方雜誌》第廿七卷連載發表「程朱辨異」一篇長文，1971 年由香港崇文書店抽印出版。

[8] 同上書，「自序」，第 6 頁。

程明道的生平資料。按其自序云，其著書之意起於 1928 年與何炳松論學，加上當時有《中國史學叢書》的計劃，遂著手編寫程伊川之生平及哲學思想年譜，直至洛學主要門人去世之年代爲止。[9] 姚著至今仍是最詳盡之二程生平資料。

　　另一劃時代的作品，就是管道中在 1931 年由上海商務印書館出版的《二程研究》。[10] 此書可算是二程研究的第一本專書（全書長 358 頁）。按其「自序」中謂「宋學」自清以來，已少有顧及，『邇來坊間雖見一二專治宋學之作；然皆汎論綱要，絕少精詳。夫宋儒之學，以二程爲祖，苟從茲加以整理，其他自可迎刃而解。故余特先成是書。』[11] 其著先將二程作性情及治學方法上的比較，然後就「修爲方法」、「道體論」、「心性情欲」、「倫理思想」、「政治思想」等共八個題目分述比較二程的思想。管道中此作，雖然仍停留在只是將有關資料彙編而成書的方式，但亦已是無前例的專著。[12] 更令人驚異的是，此書的出版，竟是其後半個世紀

---

[9] 姚名達：《程伊川年譜》（上海：商務，1936），「小序」。

[10] 據劉建國：《中哲史料概要》（上），第 457 頁。筆者所存的是 1937 年上海中華書局版。

[11] 管道中：《二程研究》（上海：中華，1937），「自序」。嚴格來說，唐文治在1923年著《二程子大義》是民國以來第一本專著。但唐著內容方式，皆與清代道統舊說無異。參盧連章：《二程學譜》，第 96 頁。

[12] 管道中在其書中盡力客觀地在資料上整理，並無提出自己或具哲理性的詮釋，也盡力對二程兩人公允地處理。只是偶爾顯示出他視伊川稍

之久，始終唯一國人所著的二程專書。不能不令人慨歎。

(二) 由抗戰至六〇年代的二程研究

綜觀這三十年間，國人對二程的研究，並無突破性的發展。對比起三〇年代的五、六年間連續出版的幾本專著，這時期更顯得暗淡。反而在國外，出現兩本別具深度的外文二程專著。此即英人葛瑞漢（A. C. Graham）於 1953 年在英國倫敦大學完成之博士論文，1964 年在英國修訂出版的《兩位中國哲學家：程明道與程伊川》；[13] 及日人市川安司於 1964 年由東京大學出版會出版的《程伊川哲學の研究》。[14]

葛瑞漢述其寫作的緣起，是『在西文的作品中，從未出版過一本關於程明道及程伊川兄弟全面詳盡的研究。但二程兄弟其實可足稱為宋代最具創作性的哲學家。』[15] 葛著的寫作方式，是將伊川和明道分作兩大部分，每部再分章處理其中的哲學範疇。例如伊川的部分處理「理」、「命」、「氣」、「性」、「心」、「誠敬」、「格物」等；明道的

高。例如見上書，第60頁：『宋學之所以能發揚光大，則以伊川之功為多。蓋明道之學，既以內心為主，言論又多渾淪，著述又罕臣帙；當時從學者，恐亦未嘗深得其傳；倘無伊川之繼起，則明道之學，必將與濂溪康節近似。』

[13] A. C. Graham, Two Chinese Philosophers: Ch'êng Ming-tao and Ch'êng Yi-ch'uan (London: Lund Humphries, 1958)。全書共 195 頁。

[14] 市川安司：《程伊川哲學の研究》（東京：東京大學出版會，1964），全書共 445 頁。

[15] Graham, Two Chinese Philosophers, 'Preface', p. ix。

部分則處理「仁」、「易、神」、「善惡」等。故此，基本上葛著亦是將二程重要的語錄翻成英文，歸類整理而成，說不上對二程之間的哲思有所會通或體系性的消化。[16] 但作為第一本西文論二程的專著，其學術態度之嚴謹、考據及資料的詳盡，亦足以叫國人借鏡。

市川安司的《程伊川哲學の研究》雖然並非日本近代學者研究二程的首本作品。[17] 但市川安司之作，無論在深度和量方面，都令人佩服，被視為二程研究之經典而無愧。市川在其書的「序」中表示，日本學者一直以來極重視朱子學的研究，以致總是透過對朱熹的理解去看伊川，並將「理氣二元論」作為理解伊川的基本假設，從而產生對伊川不全面的理解。故此，他著書的目的，是『將伊川的哲學從〔朱熹〕晦庵的哲學分別出來，致力於探求其本來面貌。』[18] 在其書中，市川主要是詳細剖析伊川對「理」的觀念，包括「理」的不同表現、「理」的根本性格、實踐過程所顯示的「理」、及「理」的終極意義等。本書有力地否定了認為伊川是「理氣二元論」的見解，而認為「理」是透過「對」（天地之間皆有對）而展開、呈現和活動。[19]

---

[16] 除其中論「一元論及二元論」一章（同上書，第 119-126 頁），葛瑞漢認為伊川屬「理氣二元論」而明道則傾向「一元論」。

[17] 根據 Graham 所錄書目（同上書，第180頁），曾有日人Gotō Toshimizu 於 1935 年出版《二程子の實踐哲學》（筆者未有機會獲閱該書）。

[18] 市川安司：《程伊川哲學の研究》，第 2 頁。

[19] 見同上書，第 197-238 頁。

　　相對之下，這段時期國人對二程的研究則較爲失色，一
般仍舊是放入中國哲學史的其中一章籠統地去處理，並無任
何突破性的成就。其中稍值得一提的，是程兆熊在四〇年代
中期所寫《大地人物——理學人物之生活的體認》中，用文學
的筆法勾劃出明道與伊川不同的氣質和道德生命體驗。[20] 另
外，國人蔡永淳於 1950 年在美國哥倫比亞大學完成其博士論
文「程頤的哲學：全集選輯編譯並序及註」。[21] 此著實早於
葛瑞漢之論文，但並無出版。事實上其論點亦無甚突破之
處。五〇年代後期，唐君毅著作其《中國哲學原論》之「導
論篇」及「原性篇」，也包括了明道及伊川對天道及性的陳
述。[22] 唐君毅雖然是一代儒學宗師，但就其《原論》中論二
程之部分來說，亦無甚創見之處。另外值得一提的，是陳榮

---

[20] 見程兆熊：「程明道的『坐如泥塑人』」及「程伊川的『不啜茶，亦
不識畫』」，《大地人物——理學人物之生活的體認》，第 45-68
頁；合編於《完人的生活與風姿》（台北：大林，1978 再版）。根據
其中《一個人的完成》重印前言及《大地人物》前言所述，關於二程
的部分，當大約完成於四〇年代中期。

[21] Y. -C. Ts'ai, 'The Philosophy of Ch'eng I: A Selection of Texts from the
complete Works Edited and Translated with Introduction and Notes' (Ph. D.
dissertation, Columbia University, 1950)。「蔡永淳」爲 'Ts'ai Yung-
ch'un' 之音譯，可能有誤。

[22] 見唐君毅：《中國哲學原論》（導論篇）（香港：新亞研究所，1974
版），第 425-432，589-594 頁；《中國哲學原論》（原性篇）（香
港：新亞研究所，1974 版），第 336-357 頁。

捷在 1967 年將朱熹編的《近思錄》翻成英文出版，西方學者
遂有機會讀到其中許多記述二程的語錄。[23] 以後加上著名學
者狄百瑞（Theodore de Bary）等的努力推動，宋明儒學開始
更在西方引起注意。

㈢ 牟宗三的《心體與性體》及其影響

　　牟宗三於1968及1969年相繼完成其《心體與性體》三
冊，二程研究遂進入一個新階段。《心體與性體》一反過去
以朱子學為儒家正統的看法，力陳朱熹的哲學只是「繼別為
宗」，並非承接先秦儒家孟子學的「縱貫系統」，而是將
心、性二分，變成「靜涵靜攝」的「橫攝系統」。從而朱熹
對道德生命的體會是「支離」的，而非先秦儒學正統的「逆
覺體證」的路。[24] 既然牟宗三視朱熹的哲學是儒家傳統的
「歧出」，追溯其起始點，就歸結到程伊川的哲思是「轉
向」的開始。如此一來，伊川的地位和價值亦受貶抑，反而
明道則被讚揚為『真相應先秦儒家之呼應而直下通而為一之
者』。[25]

---

[23] <u>Reflections on Things at Hand : The Neo-Confucian Anthology</u> ,
translated by Wing-tsit Chan（New York : Columbia University Press,
1967）。

[24] 見牟宗三：《心體與性體》（三冊）（台北：正中，1968，1969），
第一冊，第 19-113 頁；第三冊，第 229-516 頁。

[25] 同上書，第一冊，第 44 頁；詳論見同上書，第二冊，第 1-427 頁。
關於牟宗三以朱子學去解程伊川，及對明道伊川地位分判的討論及質
疑，見本書下文第三章（第 83-88 頁）及第四章（第 164-165 頁）。

　　牟宗三的見解，實爲理解宋明儒學的劃時代觀點，其影響亦極爲深遠。自此以後，程明道的地位大大被提高。而牟宗三對宋明儒的分判，亦被一些論者視爲『極其妥恰而不可易的』。[26] 最明顯的例子是蔡仁厚在 1977 及 1980 年出版的《宋明理學》「北宋篇」和「南宋篇」，其對二程的觀點及評價，與牟宗三的見解絕對相同。另一例子是張德麟所著的《程明道思想研究》，亦明言是『順著牟師宗三的思路，廣搜資料，詳加分疏，以期對明道學之研究更能普及與專精』。[27]

　　雖然牟宗三之說發表之後，已儼然成爲權威性的觀點。但同期的儒學家中，並非無異議。在他們對二程或朱子學的著作中，雖無正面反對牟說，但從其持不同的見解，就可見他們並不服膺牟宗三之抑伊川揚明道的立場。這些學者包括錢穆於七〇年代初完成的《朱子新學案》（共五冊），[28] 書中一再確定朱熹的儒學地位和價值。唐君毅在其 1975 年出版之《中國哲學原論》（原教篇）中，亦努力將二程作相同地

---

[26] 蔡仁厚：《宋明理學》（南宋篇）（台北：學生，1980），第 9 頁。蔡仁厚：《宋明理學》（北宋篇）（台北：學生，1977）論二程部分（第 206-447 頁）顯示其徹底緊隨牟宗三觀點與立場。

[27] 張德麟：《程明道思想研究》（台北：學生，1986），「自序」，第 1 頁。

[28] 見錢穆：《朱子新學案》（五冊）（台北：三民，1971）。其中第三冊，第 48-159 頁藉朱熹對二程的陳述，表示其見解並非貶伊川揚明道。

位的處理，對二人並無如牟宗三之分判和褒貶。[29]

　　勞思光於1980年出版其《中國哲學史》第三卷，就明顯地不贊同牟宗三對宋明儒分三系的說法，[30] 而提出「一系說」。[31] 他的「一系說」是視宋明儒學爲一整體，『其基本方向是歸向孔孟之心性論，而排斥漢儒及佛教』；北宋周濂溪與張橫渠爲第一階段（初期理論），以『混合形上學及宇宙論以建構其哲學系統』。[32] 由二程開始進入第二階段（中期理論），開始擺脫「初期理論」以宇宙論爲中心的哲學，確立「性即理」之道德形上學。此見解亦引申至南宋朱熹之哲學系統，代表諸家學說之綜合。第三階段（後期理論）則以南宋陸象山的「心即理」開始，全面肯定道德的「主體性」，建立以心性論爲中心的哲學。明代王陽明繼承此方向而完成宋明儒歸向孔孟之儒學運動。[33] 勞思光「一系說」的重要貢獻是看出二程在整個宋明儒學運動中站關鍵性的地位，以其「本性論」爲中心的形上學開創一新階段（中期理論）的儒學。這種見解確立了二程哲學的獨特重要性。

---

[29] 見唐君毅：《中國哲學原論》（原教篇）（香港：新亞研究所，1975），第 119-201 頁。

[30] 見牟宗三：《心體與性體》（一），第 42-60 頁。牟宗三之「三系說」及筆者對其評述，見本書第四章（第 164-165 頁）。

[31] 見勞思光：《中國哲學史》（卷三上）（香港：友聯，1980），第 46-68 頁。

[32] 同上書，第 55，53 頁。

[33] 見同上書，第 53-55 頁。

　　另一方面，勞思光認為程明道是偏重「天道觀」，反而與前期理論的周、張二子之「宇宙論」傾向接近，而非如牟宗三所言是下開儒學正宗的先驅。而伊川之學，才是真正轉入道德「本性論」的創見者。[34] 如此一來，伊川的重要性重新被確立。故勞思光言：『二程之學不同，學者多能言之。然自宋至清——甚至現代，論二程之學者多抑伊川而揚明道；此固由於立論時所取設準不同，實亦是一種極欠堅穩之觀點。蓋明道之近於「天道觀」，可視作其學說之長處，亦可視為其缺點；未易遽作定論。』[35] 勞著的另一洞見，是看出「成德成聖之用」才是伊川哲學重點所在。故單以伊川之形上學系統去斷定其哲學之價值，是不公允的。因為伊川『不是以建構一純粹理論系統為旨趣』，蓋『工夫理論可直接落在實踐生活中，重要性亦不下於其所依之形上學理論。』是故勞著『對伊川論工夫之語特加注意。』[36]

(四) 八〇年代以後二程研究的發展

　　八〇年代初期，中國大陸隨著政治氣候的放鬆，國內學者恢復了對中國傳統哲學的研究和寫作。[37] 北京中華書局出

---

[34] 見同上書，第 224 頁。

[35] 同上書，第 284 頁。

[36] 同上。

[37] 中國大陸 1949 年赤化以後，二程的研究非常貧弱。按劉建國：《中哲史料概要》（下），第 921 頁及盧連章：《二程學譜》，第 102-108 頁所錄，由 1949 年至 1980 年，有關二程的研究專著只發表過兩篇學術性文章（不包括「四人幫」時期純屬謾罵性的文章在內），是

版「理學叢書」，將宋明理學家的著作重新點校，作爲保存民族哲學遺產的一部分。1981 年 7 月出版由王孝魚點校的《二程集》，以清涂宗瀛刻本爲底本，參考其他明、清的刻本，將二程全部的著作匯集成四冊出版。《二程集》的出版，爲國內二程研究立下基礎。

中國大陸學者張立文於 1982 年完成其《宋明理學研究》（1985 年出版），而侯外廬等編的《宋明理學史》（上卷）亦於 1983 年完成，此皆表示國內學術界對宋明儒學的重新重視。而此二書對二程論述的部分，亦顯得較深入和詳盡。[38]張著比較深入和客觀，分述二程的不同理學觀念（例如「理」、「氣」、「物」等）和政治倫理思想，雖然仍舊是將主要有關資料輯在一起而成篇章，但條理也算清楚，表現出學術研究的新氣象。侯著則較貧乏，只籠統地泛論「天理」、「格物致知」及「人生哲學和人性論」等幾方面。此書最大的弱點，是一口咬定二程的思想是爲封建的政治制度服務。在這種歷史唯物論的假設下，侯著不斷對二程各方面的思想作意識形態的批判，反而不能夠整理出一個客觀的條

楊向奎「論程顥」，《學術月刊》第8期（1962）和馮友蘭：「程顥、程頤」，《哲學研究》第 10，11 期（1980）。文革期間，更令一切中國傳統哲學研究陷於停頓。至七〇年代末期，隨著「四個現代化」改革在教育上的放鬆，中國哲學研究才漸漸復甦。

[38] 見張立文：《宋明理學研究》（北京：人民大學，1985），第 259-374 頁。侯外廬等編：《宋明理學史》（上卷）（北京：人民，1984），第 127-180 頁。

理來。

1986 年開始，國內外在二程學上都有較新的進展。先述中國大陸方面。劉象彬於 1986 年完成其《二程理學基本範疇研究》（1987 年出版）。[39] 此書較詳細地就十多個二程哲學的基本範疇，引述文獻去整理出梗概，條理亦算清楚和客觀，是不過不失之作。從歷史的角度來說，此書竟是自 1931 年管道中的《二程研究》以來，國人要相隔五十多年後才重新有出現二程研究的首本專書。二程學之被忽略，由此可見。劉著的次年，潘富恩與徐餘慶亦完成其《程顥程頤理學思想研究》（1988 年出版）。[40] 此書在資料上比劉著更詳細，但對二程哲學的論述卻反不及前書。主要是作者用了一半以上的篇幅去整理二程的經濟、政治和教育思想，對二程心性哲學方面只有一般常識性的陳述，分散而無完整系統，更稱不上有哲學角度的探索。而且此書亦與其他國內論著犯同樣的毛病，就是不斷用批判封建統治集團思想的角度去看二程。行文之間，不但不能客觀，而且頗多無據亦無謂的價值判斷語，令此書的學術價值大打折扣。同年，另一學者徐遠和亦完成其《洛學源流》，[41] 以哲學史的角度研究二程的哲學、其門人及直至宋末「洛學」的主要代表人物。徐著在

---

[39] 劉象彬：《二程理學基本範疇研究》（河南：河南大學，1987），全書共 242 頁。

[40] 潘富恩，徐餘慶：《程顥程頤理學思想研究》（上海：復旦大學，1988），全書共 462 頁。

[41] 徐遠和：《洛學源流》（濟南：齊魯書社，1987），全書共 384 頁。

資料和題材的選取方面，都較嚴謹和準確。該書前半的篇章，是處理二程的哲學，緊扣著他們的理、知行、人性等核心觀念作研究，可見徐著在取材上的成熟。其中最後一節論「二程的聖人觀」，是前人未有做過的工夫。更是難得之作。第四本要提及的二程專著，是屬於資料性的《二程學譜》（盧連章著）。[42] 盧著是用編年的方式，將二程的生平和學術思想詳列出來。其獨特之處，是由於盧連章認為『二程生時並不得志』，但他們死後卻『被抬高到正統思想的地位』。因此，從思想發展史的觀點看，二程生前和死後的學術研究發展，是同樣重要。故盧著《二程學譜》並不止於伊川的逝世（1107 年），而是繼續以編年方式記載以後二程學的發展，直至 1987 年盧著完稿之時。由是盧著《二程學譜》最大的貢獻，在於搜集歷史上關於二程學研究的發展資料，具有一定的參考價值。

　　綜觀中國大陸自八六年始，三年內連續出版四本關於二程研究的專著。雖然論點方面仍困於「唯心」「唯物」的框框，或是對封建意識形態批判的角度，無論如何亦算開始一番新氣象。

　　1986 年以來，台灣方面亦出現了三本論二程的專書。李日章應「世界哲學家叢書」邀請，於 1986 年完成其《程顥·

---

[42] 盧連章；《二程學譜》（鄭卅：中卅古籍，1988），全書共 200 頁。

程頤》一書。[43] 從學術的角度來看，李著是頗令人失望的。該書論點鬆散，亦缺乏嚴謹哲學架構的詮釋。更令人費解的，是李日章身居學術自由的環境，寫作一本二程的專著而差不多完全無考慮其他學人（如牟宗三）的觀點作參考，而只將部分原始資料用少量文字串連起來，實在未能到達論哲學家專書的水平。同年，張德麟亦出版其《程明道思想研究》。[44] 與李著相反，張著有極明顯的格套。其觀點跟牟宗三的《心體與性體》是徹底相同的，甚至在用詞和行文風格上亦緊隨牟著，只是另外補進一些生平資料而成書。本來緊隨一代宗師而稍加發揮，並不為過。然而，此書寫於牟著發表後二十年之久，卻沒有加上一點有份量的個人創見和研究成果，未免叫人惋惜。第三本二程專著是 1988 年張永儁出版的《二程學管見》。[45] 基本上這本書是張永儁歷年來發表文章的彙集，並非一本系統性的作品。直接論二程的，只是起頭兩章半，其餘寫二程後學的流派問題。張著的特點，是考察二程思想（尤其是明道）有多少道家莊子的成分，及二程與佛學之間的關係。就題材來說，張著有其獨特之處。然就內容上說，只涉及了明道的《定性書》和二程的「闢佛」問題而已，無論如何也算不上是二程研究的系統專著。

　　綜觀八〇年代以來，可喜的現象是國內外已有論二程的

---

[43] 李日章：《程顥‧程頤》（台北：東大，1986），全書共 204 頁。

[44] 參見「註 27」。全書共 203 頁。

[45] 張永儁：《二程學管見》（台北：東大，1988），全書共 337 頁。

專著出現。可惜的是幾本現存的專著，不是失諸哲學深度，就是未夠創見和特殊的貢獻。二程學的研究，似乎尚待開發。

　　進入九〇年代，中國大陸和台灣都出現了高學術水平的二程研究。在中國大陸，龐萬里將他在北京大學的博士論文改寫出版，名爲《二程哲學體系》（1992 年）。[46] 在台灣，則有鍾彩鈞在台灣大學 1990 年完成博士論文《二程聖人之學研究》，在《中央研究院中國文哲研究集刊》分部發表。[47]

　　龐萬里的《二程哲學體系》，是全面、深入而詳盡的研究作品。由於龐著致力將明道及伊川二人的思想異同作全面的整理，因此對《遺書》第一至九卷的「二先生語」，每段作仔細的考辨，審訂何爲明道語、何爲伊川語。[48] 這方面的工夫，比較以往在這方面嘗試的作品，更爲嚴格和準確。在課題方面，龐著就「道體」、「形而上與形而下」、「致知」、「人性」、「道德」、「工夫」、「人生觀和人生理想」等八個範疇，按二程兄弟之間的異同，詳細分析整理，將其中的義理系統鋪陳出來。綜觀全書的全面性和資料的詳

---

[46] 龐萬里：《二程哲學體系》（北京：航空航天大學，1992 年），全書共 431 頁。

[47] 鍾彩鈞：「二程心性說析論」，《中央研究院中國文哲研究集刊》第一期（1991）：413-419；「二程本體論要旨探究──從自然論向目的論的展開」，同上第二期（1992）：385-422；「二程道德論與工夫論述要」，同上第四期（1994）：1-36。

[48] 龐萬里：《二程哲學體系》，第 341-414 頁。

盡，可算是二程研究的百科全書式作品。可惜，龐著除了將
二程作品分別重組、比較這些深細工夫的成就，在哲學思考
的線索和辯解方面，卻顯得較貧乏，重資料的整理而少哲學
問題的探索。

　　比較起來，鍾彩鈞的二程研究就更具哲學性。他採用
『發展的觀點』[49] 看二程兄弟對各別哲學問題（例如心、性的
體驗、對持敎工夫的取向）的掙扎和思考進程，從而判定明
道的本體論是「內在生機論」，而伊川的則是「內在又超越
的靜定本體」等獨特的見解。[50] 由是明道的修養工夫從這動
態的本體論出發，逐步純化而趨近聖人境界。伊川的修養工
夫則不同，是從靜態的本體論出發，以敬及窮理達到與理爲
一的契合。[51] 鍾著顯然非常重視牟宗三對二程的見解，然而
卻不停留在牟著的觀點，而是順著其中所蘊涵的哲學問題作
進解。這是鍾著勝於前人之處。

　　龐著與鍾著的共通之處，就是都盡量公允地對待程氏兄
弟二人，擺脫傳統的派性之見。這是可喜的現象。顯示二程
研究進入九〇年代，在質（論點的精密）和量（資料全面的
整理）方面，都趨向成熟。

---

[49] 鍾彩鈞：「二程心性說」，《中研集刊》1：413。

[50] 鍾彩鈞：「二程本體論」，《中研集刊》2：385-420。

[51] 鍾彩鈞：「二程道德工夫論」，《中研集刊》4：1-33。

二、二程研究的核心問題及本書的哲學立場

從上節的歷史考察，可以看見一直以來，二程的研究並未充份受到應有的重視。大部分論者關於二程的論述，都是獨立進行，極少參考其他人所提出過的觀點。[52] 只是牟宗三的見解發表之後，部分學者就一脈相承地沿襲他的觀點著書，儼然成了唯一能被接受的權威。

對於二程之間的同異、輕重及會通問題，論者大概有四種不同的立場：[53] 第一是將二程籠統放入同一套哲學體系中不分別地處理。第二是視程明道與程伊川爲兩個似乎毫不相干的哲學家去處理。第三是將二程思想作平行對比而指出其異同。第四是抑伊川揚明道而將二人的哲學對立起來。筆者認爲這四種立場皆有其缺欠之處。我們需要的二程研究，是把他們兩人的獨特見解和體會仔細釐清，然後引進他們之間的對話，將不同的洞見融會貫通起來，鋪陳出更全面和完整的哲學體系。[54] 本書的努力，正是就道德修養工夫爲題，在這方向上作點嘗試。

直至現今，二程研究的專書，除牟宗三及市川安司的作品是稱得上具「哲學性」的詮釋外，其他大部分的作品只能屬於彙纂式的資料整理而已，未能算得上是有創見的哲學著

---

[52] 除了少部分論文性的寫作和部分日本學者的著作之外。

[53] 這些立場之代表者及其論之可取性，本書第四章（第 162-165 頁）有更詳細的交待。

[54] 九〇年代的龐著與鍾著，基本上已朝這方向寫作。

作。這裏牽涉到方法論的問題。大部分二程留下給我們的思
想資料，都是以語錄的方式記錄的。面對這些零碎片段的語
錄，將題材相近的輯錄一起、分類並不困難。但要進一步透
過這些片語整理出其背後的思路系統和規模，就需要很大的
工夫。由於二程只留給我們零碎而不相互在意義上涵接的語
錄，要建構出一條意義完整的思路，就必然不能單停留在二
程自己的用詞、概念和語句，而須要運用二程自己不一定自
覺、甚至未想及的哲學概念和方法。當然這會引起詮釋是否
絕對客觀的問題。

筆者本人及本書所持的理解方法論是「詮釋學」
（Hermeneutics）。[55] 從詮釋學的立場來說，每當人作爲一主
體面對一份文獻（text）而嘗試去理解和詮釋的時候，他所面
對的並非只是純粹外在客觀世界的一件存在物而已。每份文
獻的背後都有一份生命體驗（Erlebnis），而文獻就是這人類
心靈所展開的世界（geistige Welt）和這生命體驗外在化的呈
現（Erlebnisausdrücke）[56]。故此詮釋者與文獻的相遇，並非
只是主體與無意識存在物的相遇（I-it encounter），而是主體
心靈（詮釋者）與另一主體心靈（文獻的原作者）之間「視
域的融攝」（fusion of horizons）。[57] 在兩個心靈世界的相遇

---

[55] 關於「詮釋學」的觀點與立場，見 R. E. Palmer, Hermeneutics
(Evanston : Northwestern University Press, 1969)，尤其是第 221-253 頁
所列舉的宣言。

[56] 參見本書第三章「註22」，「註23」。

[57] 參：H. -G. Gadamer, Truth and Method (New York: Crossroad, 1989),

過程中，有兩個事實是不可能避免的。其一是詮釋者「前理解」的先見（fore-understanding）在詮釋的過程中是不可避免的。詮釋者自身的歷史、文化和傳統，透過所發出的**問題**和所著重的詮釋**角度**，必然地滲入他對文獻的理解之中。所謂「文獻自身純粹的觀點」，並無一絕對的意義，因為詮釋是不可能從一種空白而純粹客觀的精神狀態開始。[58] 若然如此，另一個事實，就是傳統詮釋方法論中將理解（understanding）、解釋（interpretation）和應用（application）三分的觀點並不成立。因為『理解的過程自身已是一種解釋，故此，解釋就只是理解的外在呈現而已。』[59] 伽達默（Gadamer）藉著對亞理斯多德關於科技知識 (technical knowledge) 與道德知識（moral knowledge）之間界分的研究，指出在道德知識的探索和理解歷程中，理解與應用根本不可能明顯地分切開來而成為兩個階段。[60] 在道德知識領域的詮釋，是主體以自己的生命體驗與文獻背後的心靈世界相應，文獻的啟迪與主體道德生命的應用相互結成一不可分的整體，無所謂先客觀分析文獻的普遍意義（pre-given universal）、然後才主觀地具體

---

pp. 300-307。

[58] 見同上書，第 265-271, 291-307 頁。參 G. Warnke, Gadamer: Hermeneutics, Tradition and Reason (Stanford: Stanford University Press, 1987), pp. 75-82；亦參殷鼎：《理解的命運》（北京：三聯，1988），第 253-264 頁。

[59] Gadamer, Truth and Method, p.307。

[60] 見同上書，第 312-24 頁。

應用（particular situation）的次序分別。[61] 當然，這種對詮釋的立場，不同意的論者仍可提出其中的主觀性是否合法（legitimate prejudice）的質疑。但正如任何一種方法論，它都可以引起不同立場的質疑，然亦自有學者代為答辯。[62] 其中詳細的辯解，已越出本書範圍。

　　本書運用「詮釋學」的立場，特別是由於本書是關於中國哲學中道德修養工夫的研究。一方面，道德修養的工夫必然地連起主體生命的體驗，故主體在理解過程中的主觀參與性一定較其他題材為高。另一方面，宋明儒學者自己對詮釋經籍的立場和方法，也是視文獻為提昇自我道德生命體驗的一種指點和啓迪，詮釋的目的並非旨在抽出文獻原作者的本意而已，而是將自己的體驗結合在詮釋的歷程之中，結果就是透過對典籍的詮釋去把捉更豐富的道德生命體驗。[63] 程伊川自己就持這立場和見解。他在《遺書》卷廿五說：

> 學也者，使人求於內也。不求於內而求於外，非聖人
> 之學。何謂不求於內而求於外？以文為主者是也。學
> 也者，使人求於本也。不求於本而求於末，非聖人之

---

[61] 同上書，第 324 頁。

[62] 參見 Warnke, Gadamer 及 Palmer, Hermeneutics 兩書的論述。 P. Ricoeur, 'The Model of the Text: Meaningful Action Considered as a Text,' Social Research 38 (1971) : 529-562 有極佳而公正的討論。

[63] 關於中國儒家哲學方法論及詮釋學，見 T. Leung, 'The Fang-fa (Method) and Fang-fa-lun (Methodology) in Confucian Philosophy' (Ph. D. dissertation, University of Hawaii, 1986)。

學也。何謂不求於本而求於末？考詳略，採同異者是
也。是二者皆無益於身，君子弗學。

既然如此，本書亦嘗試運用現代的或西方的哲學觀點，去剖
析和連接起二程語錄背後的哲學脈絡，從而整理出其中的義
理規模。要借用現代的哲學方法，是因爲中西哲學經過近千
年的探索和發展，雖然未能全面地解決人生的問題，但對於
人及其生命活動，都獲得了較仔細精密的剖析，在哲學詞彙
的意義和運用上，也較以前爲準確。我們借用這些成果作工
具，去整理和消化二程的道德哲學體驗，不但可以勾劃出較
完整和清晰的圖畫，也可以將他們的思想貢獻放在現代世界
哲學的觀點和評價之中。對於明道，我們特別著重他對觀照
境界的體會。對於伊川，我們將會用哲學詮釋學的角度去理
解他的格物致知工夫。

　　當然，正如上文已提及，如此對二程哲學的整理和消
化，就必然運用好些二程自己沒有用過的現代詞彙和概念。
因爲我們若只允許使用二程自己說過的詞彙作爲規範，則我
們必然無從透入他們的生命世界、更深切地把捉他們道德生
命體驗背後的義理規模。因爲我們相信，二程的言行所指向
的道德生命世界，遠廣闊過他們用語言留給我們的片語。正
如利科（Paul Ricoeur）指出，當意念從作者的筆桿書寫成文
字開始，不但主體意念外在化被固定下來（fixation），而且
此段文字亦立即成爲作者自己也無法操縱的門戶，讓其他詮
釋者進入去窺視和把捉他的內心世界。故此，

　　「理解」的重點所在，並不是該作者和他所處的境

況。「理解」最主要的職責，是嘗試去把捉那份文獻所敞開和指向的世界。去理解一份文獻，就是由感觀〔認知〕轉到去隨從該文獻的指向〔世界〕。即由文獻所言說的（it says）帶進文獻所言及的（it talks about）……如此的信念是來自深層語法學（depth-semantics）的涉指論。文獻都是要言及〔指向〕一個可能的世界（a possible world）和人在其中隨之轉化自己的可能途徑（a possible way）。〔生命〕世界的不同向度，是藉著文獻而真正地被敞開和呈現出來的……〔我們相信〕**我們可以理解一位作者，比較他對自己的理解更多。**這事實正顯示出該作者的言語是蘊涵著一種展露的能力（the power of disclosure），可以越出作者自身的實存情境那有限的視域。[64]

最後，筆者簡略交待在二程文獻運用和處理上所持的方法。《河南程氏遺書》第十一至十四卷註明為「明道先生語」，第十五至廿五卷註明為「伊川先生語」。《遺書》第一至十卷則只註明為「二先生語」，部分並不容易分辨出自明道抑伊川。然其中語錄段末凡註明為『明』、又或一段文字之後列明『右明道先生語』、又或語錄中載伯淳先生〔即明道〕答學生所問，皆可視為明道語無疑。同樣方法，亦可分出《遺書》前十卷中的伊川語。另一方面，我們也可以參

---

[64] Ricoeur, 'Model of the Text,' <u>Social Research</u> 38: 558。強調號為筆者所加。

考《宋元學案》中的《明道學案》與《伊川學案》所錄條目，或宋明清收入明道或伊川個人的語錄編集，作爲底本比較《遺書》前十卷，鑑定出某些語錄的原說者。[65]

有論者以語錄風格與哲學氣質去鑑別《遺書》前十卷條目的原說者，又或者以「二先生語」爲二程在洛陽授徒前期所錄，故皆大概可視爲「明道語」（即若不然，伊川亦不反對其兄之見）。[66] 此等方法的進路，當然有其一定的價值，但在嚴格的考據意義上說，仍不能絕對肯定其可靠性。本書盡量不運用在原說者有疑問的語錄條目。其實，單就已確定鑑別出來的語錄條目，加上《經說》、《文集》、《外書》和《周易程氏傳》，二程個別的哲學風格和觀點，已足夠地顯明出來，不必依賴引證於來源曖昧的語句。

---

65 亦參龐萬里：《二程哲學體系》，第 413-414 頁。

66 例如牟宗三：《心體與性體》（二），第 5-8 頁；孫振青：《宋明道學》（台北：千華，1986），第 137 頁；Ts'ai , ' Philosophy of Ch'eng I,' pp. 10-12。

第二章　程明道即「一本」
言工夫之義理格局

一、引言：「一本」之境界

　　牟宗三在其著《圓善論》中謂：『明道之一本論乃眞相
應于孔孟圓盈之敎之規模者。』[1] 此足以表示他對程明道「一
本」論之推崇。而事實上，牟宗三認爲明道的一本論不但將
北宋理學由周濂溪、張橫渠之《中庸》《易傳》學回歸於
《論語》《孟子》而下開陸象山的孟子學，更能圓融地補足
象山在天道性命客觀面之虛歉，而又不陷於伊川、朱子之分
解橫攝系統。故牟宗三謂：

　　〔明道之學〕妙在主客觀兩面之提綱同樣飽滿而無虛
　　歉，而以圓頓之智慧成其「一本」之論，此明道之所
　　以爲大，而爲圓頓之敎之型範也。[2]

牟宗三在《心體與性體》中對明道一本論有關的語錄已作詳細
的疏解，指出了此圓頓之敎的方向，並作綜合的統述。本書無
須再予以重覆。本章則嘗試對有關文獻作進一步、較精細的探

---

[1]　牟宗三：《圓善論》（台北：學生，1985），第 311 頁。

[2]　牟宗三：《心體與性體》(二)（台北：正中，1975），第 18 頁。參
　　同書，第 20 頁。

索，以求更清楚描述此**境界**之內涵及牽涉的義理格局問題。

　　就文獻上說，明道直言「一本」的說話並不多，我們當然不能單根據這一、兩句片語去發揮，而須要就一切有關的資料作整理。然而，以這幾句直接的說話爲起始點，而規劃出一個大方向，也是適當而且必須的。明道直言「一本」的說話，是：

> 道，一本也。或謂以心包誠，不若以誠包心；以至誠參天地，不若以至誠體人物，是二本也。知不二本，便是篤恭而天下平之道。（《遺書》卷十一）

此處是指出「道」眞正的呈現，[3] 我們不能以有**分別相**的概念去理解。若以分解的角度去表達道之呈現，就是「二本」。這裏所表達的是一種「境界」性的說法。因爲就常識的層面，討論「心」、「誠」、「天地」之間的互參、互包關係，並無不可。然而，若攀上高一個境界層次去看，此諸多分殊的關係，卻不外只是同一「道」的呈現。故此，我們必須突破分解性的「二本」角度去把捉「道」。

　　不過，在我們進入詳細詮釋「一本」在明道思想中的意義之前，我們須就「一本」此詞彙的根本意義作一交待。而其結論是對詮釋明道的一本論有特別重要的作用。

　　「一本」這詞是由「一」與「本」兩個字組合而成。而若就其中一方的字義作爲重點去詮釋「一本」，則可以歸納

3　在此將「道」不解作道體，而作道之呈現，參牟宗三：《心體與性體》(二)，第 104-105 頁。

出兩種不完全相同的涵義。

先就「本」爲重點展開對「一本」的詮釋。「本」有根源之意。「一本」就是有「同一根源」的意思。[4] 即強調諸分殊的事物具有**同一的根源**。而事實上此意義亦合《孟子》中的用法；[5] 也合魏晉玄學與佛學之爭所用的意義。[6] 另一方面，若就「一」爲重點展開對「一本」的詮釋，則「一本」指向一種能見諸分殊事物可以**相即無外**的觀照境界。事實上，此義亦是明道所特重者。蓋明道言「一本」，多與「二本」（或「三本」）相對而言。而所謂「二本」，在明道的文獻中並無一致的意義：此「二本」可指以爲人性有內外之別，[7] 可指「誠」與「心」的二分但相包容的關係，[8] 可指以

4　見《辭源》（修訂本），第一分冊（香港：商務，1980），第 2 頁。

5　「一本」在《孟子》中的用法，見「滕文公上」：『且天之生物也，使之一**本**；而夷子二本故也。』此處針對墨家學者夷子論「兼愛」之說。而所謂「一本」是指天生萬物（人亦包括在內），各自只有一個根源（就人來說，就是其父母）。而「二本」是指夷子的見解會引申認爲萬物可以有多元的根源（自己的父母與他人的父母無等差，都是生命的根源）。

6　見湯用彤：《漢魏兩晉南北朝佛教史》（下）（台北：商務，1974），第 37-40 頁。「一本」指「至道宗極」所歸乎的「本源道體」。故此處重點亦落在「根源」的問題。

7　《定性書》：『……不知性之無內外也。既以內外爲二**本**，則又烏可遽語定哉？』

8　《遺書》卷十一：『道，一本也。或謂以心包誠，不若以誠包心；以至誠參天地，不若以至誠體人物，是二**本**也。』

『有彼此對待』的觀點去看人天參與、人人相體的關係，[9] 可指以分別相去看人以外另立一天的天人關係，[10] 可指以為在道德實踐工夫過程中，「致知」與「格物」為兩回事，[11] 也可更徹底地泛指一切不能開闊心胸、有分別相的觀法。而任何具『有差別之預設』皆可謂「二本」、「三本」。[12] 由此可見，所謂「二本」在明道的理解中有極不一致的內涵意義；因而與之相對的「一本」也並非指向某一**特定的本源**問題。若我們要以一最廣義的意義去囊括「二本」的各種用法，乃是一種「有分別相」的觀法。故凡是落於分別、相對角度去理解世界的進路，皆可通稱為「二本」。若這就是「二本」，則與之相對的「一本」就可以理解為「無分別相」的觀法。這種觀照的境界在牟宗三《智的直覺與中國哲

9　同上註。參牟宗三：《心體與性體》（二），第 104 頁。

10　《遺書》卷十一：『多寒夏暑，陰陽也；所以運動變化者，神也。神無方，故易無體。若如或者別立一天，謂人不可以包天，則有方矣，是二**本**也。』

11　《遺書》卷十一：『「致知在格物。」格，至也。或以格為止物，是二**本**矣。』

12　《遺書》卷二上（未注誰語，然見《明道學案》）：『觀天理，亦須放開意思，**開闊得心胸，便可見**，打揲了習心兩漏三漏子。今如此混然說做一體，**猶二本**，那堪更二本三本！』參牟宗三：《心體與性體》（二），第 92 頁：『「混然說做一體」即有不混然、不一體為背景，猶有「二本」之嫌……「混然」猶有差別之預設，「一體」猶有隔別之預設，故須混而冥之，化而一之，此猶有二本之嫌也。故「混然一體」還不算是到家的話頭。』

學》中有直接了當的闡述：

　　〔智的直覺〕在此知上之「合內外」不是能所關係中
　　認知地關聯的合，乃是隨超越的道德本心之「遍體天
　　下之物而不遺」而爲一體之所貫，一心之圓照，這是
　　攝物歸心而爲絕對的，立體的，無外的，創生的合，
　　這是「萬物皆備于我」的合，這不是在關聯方式中的
　　合，因爲嚴格講，亦無所謂合，而只是由超越形限而
　　來之仁心感通之不隔。若依明道之口吻說，合就是二
　　本，而這卻是一本之無外……德性之知即隨本心仁體
　　之如是潤而如是知，亦即此本心仁體之常潤而常照。
　　遍潤一切而無遺，即圓照一切而無外。此圓照之知不
　　是在主客關係中呈現，它無特定之物爲其對象
　　（object）……它超越了主客關係之模式而消化了主客
　　相對之主體相與客體相，它是朗現無對的心體大主之
　　圓照與遍潤。[13]

　　當然，就「本」與「一」的涵義而詮釋「一本」，結果
並不然互相排斥。但兩者卻實在指著不同的方向和重點而
說。就明道對「一本」論的理解而言，我們就可以把它們看
爲**兩重不同的觀照境界**：第一重境界是破事物的分殊性（分
別相）、**把持本源**的「統攝意向」。第二重境界是進一步以
更超越的「圓照」智慧見事物**本來就是**相即無外，由此而到

---

13 牟宗三：《智的直覺與中國哲學》（台北：商務，1971），第186-
　　187頁。

達破本源與現象、形上與形下、普遍與具體、主客內外的
「絕對圓融境界」。《遺書》卷七記載明道舉示了兩個頗為
有趣的例子去分別此兩重境界的不同層次：

> 愚者指東爲東，指西爲西。隨眾所見而已。知者知東
> 不必爲東，西不必爲西。唯聖人明於定分，須以東爲
> 東，以西爲西。（未注誰語，然見《明道學案》）

> 坐井觀天，非天小，只被自家入井中，被井筒拘束
> 了。然井何罪？亦何可廢？但出井中，便見天大。已
> 見天如此大，不爲井所拘，卻入井中也不害。（未注誰
> 語，然見《明道學案》）

此中「愚者所見」及「坐井觀天」是一種常識性的觀物境
界。「知者所見」與「出井見天大」乃是一種擴闊心胸、見
事物同體的「統攝意向」觀照境界。而最後「聖人所見」與
「入井不害」則進一步打破東西、大小對待的分別相，不在
主、客關係中觀天地萬物的相即無外的「絕對圓融」觀照境
界。[14]

　　以上即就「一本」的本義作初步闡釋。下文再就各有關
的文獻對明道的工夫論作一全盤的整理。

---

[14] 明道對這兩重不同境界層次的描述，通常並不歸類地散見於其門人所
記的語錄之中。以下一節，就是嘗試透過個別境界的特質，將有關的
語錄安放在適當的層次。

二、「一本」境界之內涵與義理格局

從上述的初步闡釋，可見明道的「一本」論實具有其圓頓的智慧。此中包括一破對待相、統攝分殊的圓融觀照境界。但明道的一本論不單只是一種觀天地萬物的智慧，也落實在生命的實踐上，成為一種即本體即工夫、『極度簡單化』的生命情調。[15] 以下就此「觀照境界」及「實踐境界」兩方面作進一步的詳細探討。

(一) 「一本」論作為一種圓頓的觀照境界

在「引言」部份我們已略指出，明道的一本論作為一種圓頓的觀照境界，實則可以再分層為兩重境界層次：第一重是就把持本源的統攝意向，以破事物的分殊性、分別相；第二重就是就超越的圓頓觀照智慧，見事物本來就是相即無外，由此更進而破本源與現象、形上與形下、徹主客內外的絕對圓融境界。以下再分述其內涵。

(1)通過「本體」統攝「存在」——從把持本源的統攝意向破分別相的境界

所謂「統攝意向」，就是一種就宇宙萬事萬物作一整全的觀照視域（horizon），將個別事物統一在此整體之內，從而看出部份與部份之間不能分割的緊扣關聯、而且相互貫注的關係。此中包含兩個重點：一、整全的觀照角度 (totality)

---

15 見程兆熊：《大地人物——理學人物之生活的體認》，收入《完人的生活與風姿》（台北：大林，1978），第 45-48 頁。

作出發點及視域。二、從而看見個別事物之間緊扣且相互貫注的關係。

　　就明道的話說，此「統攝」的意向，就是『人心常要活，則周流無窮，而**不滯於一隅。**』（《遺書》卷五，未注誰語，然見《明道學案》）能『不滯於一隅』，便見萬物是本於「同一根源」（即所謂「一本」）。故明道又言：『萬物**無一物失所**，便是天理時中。』（《遺書》卷五，未注誰語，然見〔明〕沈桂〔b.1368〕：《明道全集》）[16] 這裏的意思是，若能夠把持天理作一有機的整體作為觀照的出發點及視域，則可見諸事物其實不外只是此「理」，而不會流於「二本」、「三本」的片面觀。因此明道喜歡用『只是……此』、『非是別有一箇』等詞彙去指出一般人常識以為分殊的事物，在根源上其實是共通同體的。《遺書》卷二上有兩段話：

> 如天理底意思，誠只是誠此者也，敬只是敬此者也，**非是別有一箇誠，更有一個敬也。**（未注誰語，然見沈桂：《明道全集》）[17]
>
> 理則天下只是一箇理，故推四海而準，須是質諸天地，考諸三王不易之理。故敬則只是**敬此者也**，仁是仁**此者也**，信是信**此者也**。（未注誰語，然見沈桂：《明道

---

[16] 參 W. T. Chan, A Source Book in Chinese Philosophy (Princeton: Princeton University Press, 1963), p. 536。

[17] 參同上，第 533 頁。

全書》）[18]

能夠把持此天理的一本的角度去觀照，則見一切有形相之別的事物皆可以統攝起來，視爲相互關聯的有機整體。此即明道所謂『二氣五行剛柔萬殊，聖人**所由惟一理**，人須要**復其初。**』（《遺書》卷六，未注誰語，然見《明道學案》）

　　此種就『惟一理』的一本觀法，跟一般常識性地就萬事萬物分殊的現象去個別理解（『滯於一隅』）的觀法，顯然是兩種截然不同的觀照境界。前者是以「道」而觀，是「心」觀，故能觀無限之有機整體。後者以感官作出發點，只見有形相的具體事物。故明道言：

　　耳目能視聽而不能遠者，氣有限耳，心則無遠近也。

　　（《遺書》卷十一）[19]

　　就此兩種不同理解宇宙萬事萬物的進路而言，西哲前蘇格拉底（pre-socratic）希臘哲學家巴曼尼德斯（Parmenides of Elea, c.515b.）亦有相似的洞悉，他稱之爲「眞理之道」（the

---

18　參同上，第 534 頁。牟宗三：《心體與性體》（二），第 18 頁：『所謂「一本」者，無論從主觀面說，或從客觀面說，總只是這「本體宇宙論的實體」之道德創造或宇宙生化之立體地直貫……自其爲創造之根源說是一（Monistic），自其散著于萬事萬物而貞定之說則是多 (Pluralistic)。』

19　又言：『「形而上者謂之道，形而下者謂之器。」若如或者以清、虛、一、大爲天道，則乃以器言而非道也。』（《遺書》卷十一）此中隱含一「器」（形而下）的說法與「道」（形而上）的說法之不同對比。

Way of Truth）與「形相之道」（the Way of Seeming）之分。
前者能見「理性之對象」（objects of reason, tōn noētōn），後
者只見「感官之對象」（objects of sense, ta aisthēta）。[20] 「形
相」觀萬事萬物之分殊及相對，是一般常識性的人（巴氏稱之
為『有限生命的人』，broteias）的見識，受蔽於萬物之分別名
相的誤解（kosmon epeōn）。[21] 「眞理」觀則能越過分殊現
象，統攝動靜、有無、一多，而見一不可分之「一本」眞理
（oude diaireton estin）。[22]

---

[20] 當然，在本體學的層次來說，巴氏所預設的道（Being）與明道的天
理有一定程度上不同的理解。筆者在此只僅就「觀照」層次的進路方
面引進西方古代哲學作點參考。此「眞理之道」與「形相之道」的界
分可見於巴氏的「殘片第 2」（fr.2）（殘片數碼次序，皆按照 Diels-
Kranz, Die Fragmente der Vorsokratiker〔Berlin: 1903¹, 1952⁶〕）。而
此殘片原出處，Simplicius, Phys. 30, 14 在其引述時謂：『巴曼尼德斯
〔將其討論〕從**理性之對象**轉向**感官之對象**，或如他自己所謂，從**眞
理**〔之道〕轉向**形相**〔之道〕。』（中譯爲筆者直譯自希臘原文，強
調號亦筆者所加）。此「眞理之道」與「形相之道」的兩種觀法分
別，亦爲大多數論者所習用。見 J. Burnet, Early Greek Philosophy
(London: Adam & Charles Black, 1908), pp. 197-211; F. M. Cornford,
Plato and Parmenides (London: Kegan Paul, Trench, Trubner & Co.,
1939), pp. 35-52。

[21] 見「殘片第 8」第 51-52 行：『現今〔我們〕要看看那些有限生命的
人的見解，請聆聽我〔以下一番按他們觀點〕充滿誤解的名相說
法。』(中譯爲筆者自譯）。

[22] 詳見其「殘片第 8」第 1-49 行。參 S. Kirk and J. E. Raven, The

　　以上述「一本」論之統攝觀與常識（感官）性之分別觀，是兩種不同理解宇宙萬事萬物的不同進路。然而持「一本」觀照下的有機整體世界究竟是如何的？明道通過「破空間」、「破時間」這兩個存有的架構作了具體的闡釋。

　　先述「一本」觀之破空間。

　　明道從一本的統攝觀照去理解世界，在空間方面，就能破相對的方位，亦能破天地之所謂內外之別。上文曾引述《明道學案》言：『愚者指東為東，指西為西……知者**知東不必為東，西不必為西。**』基本上所謂東、西的方位，在一有機整體世界的統攝觀照下，是具有一定的相對性。因此東、西這兩種在常識層次是對立的方位，其實有其相互涵攝性。[23]　《遺書》卷十二明道言「中」之相對性，亦有破方位之意向：『〔中〕，且喚做中，**若以四方之中為中，則四邊無中乎？若以中外之中為中，則外面無中乎？**如「生生之謂易，天地設位而易行乎其中」，豈可只以今之《易》書為易乎？**中者，且謂之中，不可捉一箇中來為中。**』[24]　此處亦是通過一整體世界的觀照角度，破那與「四方」相對之

Presocratic Philosophers (Cambridge: Cambridge University Press, 1957), pp. 272-278。

[23] 用現代例子來說，「東海」之名，是因為從中國的角度出發。對居住日本、台灣的人來說，那是「西海」。又如北美社會稱亞洲人為「東方人」，然而，要往訪亞洲，北美的飛機卻是向西方去。

[24] 參牟宗三：《心體與性體》（二），第 110-111 頁：『首句「且喚做中」「且」字上疑脫一「中」字。』

「中」、與內外相對之「中」的『方所的觀念』。[25] 《遺書》卷二上有一段進一步闡釋「中」之定限性與無定限性，頗能總結明道破方位空間之意向：

> 極爲天地中，是也，然論地中儘有説。據測景，以三萬里爲中，若有窮然。有至一邊已及一萬五千里，而天地之運蓋如初也。然則中者，亦時中耳。地形有高下，無適而不爲中，故其中不可定下。譬如楊氏爲我，墨氏兼愛，子莫於此二者以執其中，則中者適未足爲中也。故曰：「執中無權，猶執一也。」若是因地形高下，無適而不爲中，則天地之化不可窮也。若定下不易之中，則須有左有右，有前有後，四隅既定，則各有遠近之限，便至百千萬億，亦猶是有數。蓋有數則終有盡處，不知如何爲盡也。[26]

從一本觀之破方位，再推進一步，亦能**破內外**。明道多處言「天地」無所謂「內、外」之別。故曰：『「範圍天地之化而不遇」者，模範出一天地爾。**非在外**也。如此曲成萬物，豈有遺哉？』（《遺書》卷十一）蓋言「內」、「外」，已先預設一**範圍感**。若能即「一本」而破範圍，則「天地」作爲一切存在的終極整全，當然不能再以「內」

---

25 見同上，第 111 頁。

26 此處雖然未注誰語。但就內容風格而言，不但與前引述《遺書》卷十二之一段契合，亦可視爲進一步的闡釋。故應屬明道語。參龐萬里：《二程哲學體系》第 364 頁亦判此條爲明道語。

「外」的概念去對應。然而，明道言天地無內外，不單是一種方位上的對破，而是更要指出，人以其心觀天地而可以超越其內、外之別，是因爲**人的生命與天地同體**。故曰：『言體天地之化，已剩一體字。**只此便是天地之化，不可對此箇別有天地。**』（《遺書》卷二上，未注誰語，然見《明道學案》）若能在一本觀照境界中透識『只我這裏便是天地之化』，當然無所謂天地之規模和範圍。[27] 此即所謂『「大人者，與天地合其德，與日月合其明」，**非在外也**。』（《遺書》卷十一）因此我們可見，明道所破之天地內外觀有兩重意義：一是既然天地即一切之存有，則所謂「天地之外」已預設一範圍概念，根本就與「天地」的本義不相應。二是既然「大人」已經與天地合德，當然亦無所謂「天地之外」的別一個「我」之存在。

　　從一本的統攝觀照去理解世界，明道不單破空間（破方位、破天地內外），亦破時間之「動」、「靜」觀念。

　　此中所謂破動、靜亦有兩方面的意義：一是通過見世界作爲一有機整體的統攝觀，去破萬事萬物之所謂有動有靜的**景象**。另一則是破道德實踐中之（活）動與靜（知止）兩種工夫的相對性。現先述前者。《遺書》卷十一錄明道言：

> 言有無，則多有字；言無無，則多無字。有無與動靜同。如冬至之前天地閉，可謂靜矣；而日月星辰亦自

27　見牟宗三：《心體與性體》（二），第 94 頁釋『言體天地之化，已剩一體字……』條。

運行而不息，**謂之無動可乎？但人不識有無動靜爾。**此處就存在之有、無的相對觀言「動」、「靜」在整全層次的觀照下，亦是相對的。故就多至前的景象而言是「靜」；但就日月星辰運行的宇宙整體運作視域而言，則未嘗是靜。以爲有絕對動、靜的對立，只是『人不識』之故。其實在一本觀照之下，動靜並非絕對對反，而是相生相成。[28]

明道之破動、靜的另一意義，是特指道德實踐的工夫而言。故《定性書》云：『所謂定者，**動亦定，靜亦定。**』此處謂人若能把持心的貞定，則積極的**活動工夫**與持守的**知止工夫**亦可以相融相攝。心若不能「定」，則『靜亦不安，或動亦有病。』[29] 明道亦引《易傳》「繫辭上」『寂然不動，感而遂通天下之故』之句闡釋其動、靜的無對性：

> 「寂然不動，感而遂通」者，天理具備，元無欠少，不爲堯存，不爲桀亡。父子君臣，**常理不易，何曾動來？因不動，故言「寂然」；雖不動，感便通，感非自**外也。（《遺書》卷二上，未注誰語，然見《明道學案》）

能把持不易之「常理」（寂然之靜），則生命自能湧溢踴躍（感通之動）。故感通之動乃源自寂然不動之靜；而若能貞定把持此天理，亦必然能動而潤物。[30] 可見「動」與「靜」

28　《明道學案》言：『息，止也。止則便生。不止則不生。』

29　牟宗三：《心體與性體》（二），第 239 頁。

30　此處參牟宗三：《中國哲學的特質》（香港：人生，1963），第 30 頁：『仁以感通爲性，以潤物爲用。』

在道德實踐工夫上亦有其不可對分的有機關係。

　　以上數段，即就明道的一本論，通過本體之統攝觀，見萬事萬物不再是分殊地各自獨立存在，而是有機地構成一整體世界。在此觀照境界之下，空間之方位與時間之動靜相對性，天地之內外與道德實踐工夫之動靜對立，皆一一對破而相互貫注。存在的時空架構既已化掉，則可以見一全體大用之「一本」世界。

　　(2) 即「存在」即「本體」──**絕對圓融之觀照境界**

　　以上一節論明道通過把持本體的統攝意向而破存在之分殊的境界。但此觀照境界仍有未徹底圓融之處。因為若要透過「本體」去破「存在」之分殊，則在絕對意義上說，仍有一普遍「本體」與分殊「存在」之範疇界分，亦即仍有一隱含之基本分別相。

　　要達至徹底的圓融境界，必須進一步甚至取消此「本體」與「存在」之分別。此即是「即存在即本體」的觀照境界。

　　在此觀照之下，所謂具體與普遍、形下與形上、主體（內）與客體（外）之間的基本範疇皆一概破除，乃見那絕對圓融而不能再分解的道體。蓋真正絕對圓融的道體**不只是普遍也必然包括具體**，不只是形上也必然包括形下，不只是外或內而必然包括內外、主客。要描述這個絕對圓融的境界，明道不能再用一般語言中分解的說法，而必須作圓頓

（非分解）的弔詭性表示方式。[31] 以下再作闡釋。

　　若上節所言的境界，是通過把持本源而化掉存在與存在之間的分別相，則「即存在即本體」的觀照境界是更進一步要化掉「形而上」與「形而下」的區別。《遺書》卷十一言：

> 「形而上者謂之道，形而下者謂之器。」若如或者以清、虛、一、大爲天道，則乃以器言而非道也。

《易傳》以爲「形而上」才是「道」，「形而下」是「器」。而明道則認爲，眞正的道亦不能以「淸」、「虛」、「一」、「大」等屬性詞（attributes）去表達界分。因爲這仍舊是一種分解表示方式，仍是『器言』。此分解的「器言」當然不可能表達那統攝一切、不受限制之道體。眞正的道體應當是『須兼淸濁虛實』而『體物不遺』的。[32] 明道又再借用《易傳》另一句作評釋發揮，而指出此道體的形上形下涵攝性：

> 又曰：「一陰一陽之謂道。」陰陽亦形而下者也，而曰道者，惟此語截得上下最分明，元來只此是道，要

---

[31] 更詳細討論可參見牟宗三：《中國哲學十九講》（台北：學生，1983），第十六講「分別說與非分別說及‘表達圓教’之模式」，第十七講「圓教與圓善」。

[32] 《遺書》卷二上：『立淸虛一大爲萬物之源，恐未安，**須兼淸濁虛實**乃可言神。道**體物不遺**，不應有方所。』（未注誰語，然比較卷十一上引段之文句及意向，當爲明道語）。參龐萬里：《二程哲學體系》，第 353 頁亦判此條爲明道語。

在人默而識之也。（《遺書》卷十一）

此處也是旨在表達，若分解地言道是「陰陽」，已落入一相對的觀念，亦已非道體之本來面貌了。原來『道雖不即陰陽，亦不離陰陽』，故『即「截得」而又圓融，即圓融而又「截得」，上即在下中，下即在上中，此所以爲詭譎也。』[33] 因此，就此絕對圓融之境界而言：

> **形而上爲道，形而下爲器，須著如此説。器亦道，道亦器，但得道在，不繫今與後，己與人。**（《遺書》卷一，未注誰語，然見《明道學案》）

可見「道」與「器」可分亦不可分。形上、形下的分別只是作爲這圓融境界的背景，是過渡至此境界之必須橋樑（『須著如此說』）而已。然到達了「即存在即本體」的絕對圓融境界之後，則可見：『器亦道，道亦器』。這是一種『徹上徹下』的境界。[34] 故聖人能參透超越、亦落實於具體，圓融而整全。此即所謂：『聖人之言，沖和之氣也，**貫徹上下**。』（《遺書》卷十一）[35]

　　在此絕對圓融的境界中，同樣地，人與天、人與物亦再無相對的分別，乃是相即相攝，渾然同體了。

---

[33] 見牟宗三：《心體與性體》（二），第 43-44 頁。

[34] 見上引『形而上爲道……己與人』（《遺書》卷一）段：『徹上徹下，不過如此。』

[35] 又《遺書》卷二上：『「居處恭，執事敬，與人忠」此是**徹上徹下**語，聖人元無二語。』此亦是圓融貫徹之表達。從即存在即本體的境界去理解，恭、敬、忠雖不同亦不必分。故謂之『聖人元無二語。』

　　先述天人相合的圓融境界。言「天人相合」當然並非始於明道。但明道的獨特處，在於他以一種圓融的手法去表達天人無間的絕對性。《遺書》卷六記載明道言：

　　　　天人本無二，不必言合。（未注誰語，然見《明道學案》）

在此明道指出，天人相合當然是一種實踐中極高的境界。但若言「天人相合」，則此『合』字本身已預設了一種天、人本來未合的分別相，亦即仍未能絕對圓融。絕對圓融的境界是不但「合天人」，而更能體悟天人**本來**就並無分別。這是一種經過天人相合的境界開悟後，再回頭以一種非分別的觀照去重見具體世界之「即存在即本體」的本來面目。故明道以一切仍舊在說「合天人」的說法都只是初步的見解而已，並未達到絕對圓融之境：

　　　　今看得不一，只是心生。除了身只是理，便說合天。合天人，已是爲不知者引而致之。天人無間。夫不充塞則不能化育，言贊化育，已是離人而言之。（《遺書》卷二上，未注誰語，然見《明道學案》）

此處就是指出，謂『合天人』已是分解地說。若就圓融境界說，連「合」、「贊」等觀念亦應該化掉。因爲『若是眞明得透澈，則人即天，更無「合」之可言。聖人生命通體是天，更無所謂「合」。通體是天意即通體是理之充塞。只此便是「化育」，不必言「贊」……去「合」廢「贊」便是「一本」。』[36]

---

36 牟宗三：《心體與性體》（二），第 92-93 頁。

在絕對圓融的境界中，明道亦可以言人與物之渾然無外。明道《識仁篇》謂：

> 仁者，**渾然與物同體**……此道與物無對，大不足以名之，天地之用皆我之用。孟子言「萬物皆備於我」，須反身而誠，乃爲大樂。若反身未誠，則猶有二物有對。

此處以「仁者」的境界言『渾然與物同體』與『與物無對』，是將自《論語》以來理解「仁」之意義作極度的擴充。「仁」的核心意義是「感通」。即『通情成感，以感應成通。』[37] 這是一種將一己生命擴大而統攝他者生命的存在情態，視他者非另一客觀對象，而是就對方主體性的情感納入自己生命之中。西方現象學用「互爲主體性」（intersubjectivity）一詞去描述。[38] 明道以「無對」、「渾然」、「同體」等意義去詮釋「仁」，是將此感通情態背後的哲學觀念推至極盡，而成爲一種**徹底化掉主客相對**的境界。《遺書》卷二上明道以「屬己」解「仁」，以「不屬己」爲「不仁」，實在把那種將一切納入自己生命之中的境界描寫得淋漓盡緻：

> 醫書言手足痿痺爲不仁，此言最善名狀。仁者，以天

---

[37] 見唐君毅：《中國哲學原論》（原道篇卷一）（香港：新亞研究所，1973），第 76 頁。

[38] 現象學對「互爲主體性」之理解，可參見 T. J. Owens, <u>Phenomenology and Subjectivity</u> (The Hague: Martinus Nijhoff, 1970) 一書。

> 地萬物爲一體，莫非己也。認得爲己，何所不至？若
> 不有諸己，自不與己相干。如手足不仁，氣已不貫，
> 皆不屬己。

故「不仁」就是『不有諸己』、『不與己相干』、『不
貫』、『不屬己』。雖是自己身體的一部份（如手足），亦
是不仁。但若是『認得爲己』、無所『不至』，則早已將對
方納入自己生命之中。若是如此，則可以言『仁者，以天地
萬物爲一體，莫非己也。』將天地萬物納入自己生命，而天
地萬物亦在一己之生命中化掉其相對待性，而成爲主、客貫
通圓融無外的「一體」。故明道言：

> 夫能「敬以直內，義以方外」，則與物同矣。故曰：
> 「敬義立而德不孤。」是以仁者無對，放之東海而
> 準，放之西海而準，放之南海而準，放之北海而準。
> （《遺書》卷十一）

能『與物同』而『以己及物』[39]，則物我生命再『無對』，則
可以渾然與物同體。能渾然與物同體，則可以徹內、外之
別。此即明道《定性書》的重要論旨：

> 所謂定者，動亦定，靜亦定，無將迎，無內外。苟以
> 外物爲外，牽己而從之，是以己性爲有內外也。且以
> 性爲隨物於外，則當其在外時，何者爲在內？是有意於
> 絕外誘，而不知性之無內外也。即以內外爲二本，則
> 又烏可遽語定哉？夫天地之常，以其心普萬物而無

---

39 《遺書》卷十一：『以己及物，仁也。推己及物，恕也。』

心；聖人之常，以其情順萬事而無情。故君子之學，
莫若廓然而大公，**物來而順應**……與其非外而是內，
不若內外兩忘也。兩忘則澄然無事矣。無事則定，定
則明，明則**尚何應物之爲累哉**？

此段必須從一種圓融境界去理解，[40] 是循上述「渾然與物同
體」之境界引申出來的工夫。明道以爲張橫渠的有『累於外
物』[41] 的困境，是在於『以己性爲有內外』之別，因而『以
內外爲二本』。此主、客之分別觀，是以物在外、心在內。[42]
如此，則以爲『從外者爲非』、『求在內者爲是』。[43] 然而
愈努力掙脫外物之誘，則心之注意力愈集中在外物之中。因
而更不能擺脫那種陷溺的狀態。[44] 故曰：『苟規規於外誘之
除，將見滅於東而生於西也。』此亦即明道在另一處所謂

---

[40] 參看勞思光：《中國哲學史》（三）（香港：友聯，1980），第237
頁：『「定性書」雖或有欠嚴格之處，但此一文件透露明道對**聖人境
界**之基本看法，則無可疑。』強調號爲筆者所加。

[41] 見《定性書》首段。

[42] 勞思光：《中國哲學史》（三），第237頁：『「定性書」中所論實
是「定心」之問題，亦即「心」之「循理應物」之說。「性」字宜皆
作「心」看。』

[43] 見《定性書》末段。

[44] 譬如初學自行車的人。正當其搖擺不定之際，見前面路中有石。初學
者必多將會注視石塊，但同時又希望能夠避開石塊而過。而結果，由
於愈注視石塊，車愈朝石塊碰去。反之，若根本不注視石塊而朝旁邊
望去，則車果能繞道過去。

「著意」與「忘」的對比：

> 孟子謂「必有事焉，而勿正，心勿忘，勿助長。」正
> 是著意，忘則無物。（《遺書》卷十一）

要真正擺脫陷溺，就必須「忘」。要「忘」，就必先要取消
那「內」「外」、「主」「客」的分別觀念。若始終堅持內
外對立的心態，而『**以惡外物**之心，而求照**無物**之地，是反
鑑而索照也。』然而，若能在一種徹內、外的境界中去化掉
「外物」與「內心」的相對，就真的可以『**內外兩忘**』了。
也就是說，聖人能『以其心普萬物』則可以『無心』。無
心，則能『應於物』而無累。心中無所留住，則亦無所陷
溺。《明道學案》云：

> 風竹是感應無心。如人怒我，**勿留胸中**。須如風動
> 竹。德至於無我者，雖善言善行，莫非所過之化也。

另一方面，若能「忘物」（不「著意」於物），則可以『於
怒時遽忘其怒，而觀理之是非，亦可見**外誘之不足惡**，而於
道亦思過半矣。』[45] 此處之意，是謂能夠「忘物」就等如見
物為「鏡中影」，既知只是鏡中之影，遂無怒可遷。《遺
書》卷十一明道言：

> 動乎血氣者，其怒必遷。若鑑之照物，妍媸在彼，隨
> 物以應之；怒不在此，何遷之有？

---

45 見《定性書》末段。張永儁：「讀程明道『定性書』略論」，《二程
學管見》（台北：東大，1988），第 1-36 頁嘗試從道家莊子及禪宗
佛教的觀點去看《定性書》。

可見，這是一種絕對圓融無對的境界。若能到達此境界，則可謂之『君子之學』，是『廓然而大公，物來而順應』了。

　　以上是闡釋明道「即存在即本體」的絕對圓融境界。在此境界的觀照之下，所謂形上形下、人天、人物、主客、內外等基本相對性和分別相被徹底地化掉。而生命則提昇至一絕對圓融之境。此亦即是明道言「一本」的最高指向。

(二)「一本」論作為一種極度簡單化的生命情調

　　明道的一本論，從上節所論，是揭示一種圓頓的觀照境界。然而就明道的哲學而言，此一本的境界當然不單旨在一種純智的直觀，而必然亦落實在具體的道德實踐生命之中。事實上，在上節末所述的徹內、外工夫，已不只是一種圓頓觀照而已，亦是道德實踐的境界性描述。可見觀照與實踐在明道的哲學中是不可截然界分的。能夠達至道德實踐的崇高境界，是建基於觀照上的開悟。而能有圓頓的統攝觀，亦即可以在道德實踐上獲得突破。這也是《定性書》要表達的一種密切關係。因而程兆熊認為：

> 道德生活之全，以屬於「一」、歸於本體、歸於極度的簡單化，便是定性……「兩忘則澄然無事」，這便是一個人簡單化到了極度，亦就是一個人簡單化到了一點，而歸於一本。[46]

此處所謂『極度的簡單化』，是指出明道言道德實踐工夫的**簡約原則**。《明道學案》有一段話說：

---

[46] 程兆熊：《完人的生活與風姿》，第47頁。強調號為筆者所加。

　　　　學者今日無添，只有可減。減盡便沒事。

「減」是簡約之道。將分殊的實踐工夫化約爲對『與天地萬物爲一體』直貫的把持，便是工夫的上乘者。反之，若『苟規規於外誘之除，將見**滅於東而生於西也**。非惟曰之不足，**顧其端無窮**，不可得而除也。』（《定性書》）故須：

　　　　且省外事，但明乎善，惟進誠心，其文章雖不中不遠
　　　　矣。所守不約，泛濫無功。（《遺書》卷二上）

明白道體之無對無外、亦超越亦具體，便能把握『約處』，這就是「聖人」之途。否則只是『穿鑿繫累，自非道理』。[47]這種破分殊而圓融地去把持那絕對統攝性、渾然一體的道體，當然與上述的圓頓觀照境界是息息相連的。《遺書》卷二上言：

　　　　「窮理盡性以至於命」，三事一時並了，元無次序，不
　　　　可將窮理作知之事。若實窮得理，即性命亦可了。[48]

這裏明道將「窮理」不解作究明外物之理，而是『究明「性命之理」而澈知之』[49]。此即上節所述圓頓智慧的開悟。一旦把握到此觀照境界，「盡性」及「至於命」皆同時了當，故謂『三事一時並了』。這是將分殊的工夫統攝簡約爲一心之把持，亦是一種**即本體即工夫**的境界。故曰：『「咸」

47　《遺書》卷二上：『學者不必遠求，近取諸身，只明人理，敬而已
　　矣，便是**約處**……至於聖人，**亦止如是**，更無別途。**穿鑿繫累**，自非
　　道理。故有道有理，天人一也，**更不分別**。』
48　參《遺書》卷十一：『「窮理盡性以至於命」，一物也。』
49　見牟宗三：《心體與性體》（二），第 99 頁。

「恒」，體用也。**體用無先後。**』（《遺書》卷十一）

　　然而，這「即本體即工夫」的道德生命究境是如何的一種境界？明道《識仁篇》有極精妙的描述：

> 識得此理，以誠敬存之而已，不須防檢，不須窮索。
> 若心懈則有防，心苟不懈，何防之有？理有未得，故
> 須窮索。存久自明，安待窮索？……**未嘗致纖毫之**
> **力，此其存之之道。若存得，便合有得……此理至**
> **約**，惟患不能守。既能體之而樂，亦不患不能守也。

此處『不需防檢』、『未嘗致纖毫之力』等語，一如《定性書》中之「內外兩忘」，必須理解為**境界性**的說法。[50] 在此最崇高的境界中，道德生命的「實然」（is-ness）與「應然」（ought-ness）**融合為一**。聖人所悅樂的「實然」感受，即是天理當然之「應然」道德規模。蓋舉凡有「防檢」、有「致力」，皆顯示道德生命的「實然」感受與「應然」要求之間仍然存在有張力，此亦即一切道德實踐工夫所必須處理之基本問題。然而在聖人，則無此「實然」與「應然」之間的拉力，故道德實踐的問題，就可以化約至簡。如此則可以言『若存得，便合有得。』存得此「一本」之生命，則一切道德實踐問題皆迎刃而解，當然『不須窮索』，亦無見外誘

50　參《遺書》卷二上：『持國嘗論克己復禮，以謂克卻不是道。伯淳
　　〔明道〕言：「克便是克之道。」持國又言：「道則不須克。」伯淳
　　言：「道則不消克，卻不是持國事。**在聖人，則無事可克；今日持**
　　國，須克得已便然後復禮。』可見『無事可克』是聖人境界，非一般
　　人（如持國者）的努力實踐原則。

『滅於東而生於西』之狼狽。

　　然而筆者在此必須指出，此『不須防檢』、『未嘗致纖毫之力』之說，是一種**境界的描述**，並不能作為**實踐工夫過程的指點**。蓋《識仁篇》中多次言『以誠敬**存**之』、『**存**久自明』、『以此意**存**之』及『**存習**此心』等語。就絕對的意義而言，『存』亦是一種「防檢」、亦須「致力」。故此處宜特別注意「境界描述」與「工夫實踐」的不同層次。若然混淆，則會產生不相應之誤解。

　　與此有密切關係的，是明道另一段論性之善惡的說話，其中亦指向此「用力」與「不用力」之間的關鍵性問題：

> 凡人說性，只是說「繼之者善」也，孟子言人性善是也。夫所謂「繼之者善」也者，猶水流而就下也。皆水也，**有流至海，終無所污，此何煩人力之為也**？有流而未遠，固已漸濁；有出而甚遠，方有所濁。有濁之多者，有濁之少者。清濁雖不同，然不可以濁者不為水也。如此，則人不可以不加澄治之功。**故用力敏勇則疾清，用力緩怠則遲清，及其清也，則卻只是元初水也**。亦不是將清來換卻濁，亦不是取出濁來置在一隅也。水之清，則性善之謂也。**故不是善與惡在性中為兩物相對，各自出來**。此理，天命也。順而循之，則道也。循此而修之，各得其分，則教也。自天命以至於教，我無加損焉，此舜有天下而不與焉者也。（《遺書》卷一，未注誰語，然見《明道學案》）

此段牽涉之問題頗多。主要關鍵在明道一方面肯定道德現象

上的二元論（人的道德行爲有善亦有惡），但另一方面則否
定人性在形上本體層次的二元論（人性的本質只有善而無
惡）。因此一方面說『清濁〔按：指善惡〕雖不同，然不可
以濁者不爲水〔按：指性〕也。』即是說，「惡」也是人性
的一種表現的現象。但另一方面又說『不是善與惡在**性中**爲
兩物相對，各自出來』；即是說，『**性中**』無善惡二元相
對。這裏所謂的「性中」，是指性的「本體」（being）意
義；前者所謂「清濁水」之「性」，是指實然具體
（existential）之現象而言。故此處有兩個層面。在道德的現
象層面，因爲有善惡，則『人不可以不加澄治之功』。此即
所以要『用力』之故。而且用力之『敏勇』抑『緩怠』是與
善惡之行爲表現有直接的對等關係。然而，從「本體」層次
而言，性的本體是善。故存善去惡的工夫只是恢復本性的本
質（essentialization）[51]，當然『無加損』於天命（本體層次

---

[51] 在西方的哲學傳統中，"Essentialization"（Essentifikation）一詞始
用於德國意念論者謝林（F. W. J. Schelling, 1775-1854），見其著
Clara, oder über den Zusammenhang der Natur mit der Geisterwelt. Ein
Gespräch (Munich:Leibniz Verlag,1949), esp. pp. 52-108, 130-133；又
"Stuttgarter Privatvorlesungen" in F. W. J. Schellings sämmtliche Werke,
ed. by K. F. A. Schelling (Stuttgart & Augsburg: J. G. Cotta'scher Verlag,
1856/61) 7:474-478。近代宗教哲學家田立克（P. Tillich, 1886-1965）
引用此觀念指人由實存的疏離情態（existential estrangement）復反本
質存有（essential being）的過程，此亦即人格完成（self-
actualization）的歷程。見其著Systematic Theology (London: SCM,

的性）。

但主要的問題仍在於『有流而至海，終無所污，此何煩人力之爲也』這一段話。究竟所謂不用力之意何所指？如何可以『終無所污』？按此段語錄的論點言，這是在乎該生命之**機緣**，亦即其開始一段所謂之『氣稟』的問題。然而，有此氣稟而可以在現實世界一切際遇中竟毫無雜染的，是極端罕有的。然就一般在現實世界生活的人而言，「水」**已經**是落在清濁相混的狀態之中，則復性是否要用力呢？按此段隨之的論述，明道是**肯定用力**的（或「敏勇」或「緩怠」的「澄治之功」）。然而，此段之前的一段，似乎明道卻有另一種見解：『夫所謂「繼之者善」也者，**猶水流而就下也。**皆水也，有流至海，終無所污，此**何煩人力之爲也**？』此處有傾向以善性如水流而就下，由於是自然的動力，則**無需人力之用功**。此論點亦可見於下列一段明道的說話：

> **萬物皆有理，順之則易，逆之則難，各循其理，何勞於己力哉？**（《遺書》卷十一）

這種以「順性」就無須「用力」的論點，恐怕有點層次上的混淆。若「順性」所指是順**善性**而言，則此是指性之「本體」意義。但所謂「用力」與否的問題，是就**現實世界實存**

1978) 3:107,400-403, 405-407, 421。亦參I. C. Henel, 'Paul Tillichs Begriff der Essentifikation und seine Bedeutung für die Ethik, 'Neue Zeitschrift für systematische Theologie und Religionsphilosophie10 (1968) : 1-17。

層次的工夫歷程而言。問題是，一落實在現實世界，就是指性的「**實然具體**」義；在此義下，即有善有惡。根據明道，在此層次意義下，除惡存善（即濁水化清）就**必須用力**。故此，從具體現實世界的**實存層次**爲**起始**的復性工夫，必須用力無疑。雖然，在**本體層次**的詮釋而言，此一切努力復性的歷程，亦可以說是「無加損」於性之本體。然而，若始自本體層次的描述，加上舉示聖人境界是『不須防檢』，就很容易會以上述我們曾論的「境界描述」去取代了「工夫實踐」的現實具體層次，而以爲可以『未嘗致纖毫之力』就可以叫濁水轉清。相信這就是明道後學之所以產生流弊的主要契機。故劉蕺山於《明道學案》「識仁篇」後附言謂：

> 學者極喜舉程子識仁，但昔人是**全提**，後人只是**半提**。「仁者渾然與物同體，義禮智信皆仁也」。此**全提**也。後人只說得「渾然與物同體」，而遺卻下句。此**半提**也。「識得此理，以誠敬存之，不須防檢，不須窮索」。此**全提**也。後人只說得「不須」二句，而遺卻上句。此**半提**也。尤具衛道之苦心矣。

所謂『半提』，即是只知境界描述，而失卻工夫實踐的用力歷程。這當然是明道後學的誤解，與明道自身的理解不同。但就上面所論述，既然明道亦傾向以本體層次之性，去說『未嘗致纖毫之力』的復性工夫，則其後學有此誤解，亦非完全無因。故黃宗羲於《明道學案》「識仁篇」後亦案云：

> 朱子謂「明道說話渾淪，然太高〔按：《朱子語類》第九十三作『煞高』〕，學者難看。」又謂：「程門

> 高弟，如謝上蔡、游定夫、楊龜山下，稍皆入禪學
> 去。必是程先生當初說得高了。他們只睥見上一截，
> 少下面著實工夫。故流弊至此。」

朱熹如此評說，亦有其一定的觀察與理解。他的重點，是在
於強調工夫進路的重要。[52]

　　從上面的論述可見，「一本」論作爲一種極度簡單化的
生命情操，是描述一種聖人境界。在此境界之中，道德生命
之「實然」意向與「應然」的天理融合爲一。故不須防檢，
亦不費纖毫之力。然而，就一般具體現實世界的實存層次工
夫過程而言，無論是「存」、是「循」、是「繼」，皆是存
善去惡所必須用之力。而且用力的敏緩，是直接影響生命之
清濁。若然此必須用力之論點成立，則可在此基礎上進言達
至「一本」境界之工夫問題。[53]

三、達至「一本」境界之工夫

　　明道所言的工夫，可以歸結爲兩重：首先是「開悟」；
然後是「把持」這悟後的境界。前者是智慧，後者是修養。
故曰：

> 學在知其所有，又在養其所有。（《明道學案》）

---

[52] 關於此工夫具體的討論，詳見下文。

[53] 就明道自己言及的講論來說，他只提及「把持」的工夫，而無提及
「開悟」之前的工夫。以下一節筆者從較闊的角度嘗試探索一下
「悟」前是否亦有工夫的問題。

又言：

> 問不知如何持守？曰：「且未説到持守。持守甚事，
> 須先在致知。」（《明道學案》）

所謂「悟」就是一種**觀照的替換**。由常識的、分別的觀照躍
昇至統攝的、圓融的觀照境界。而在道德實踐上亦由「窮
索」而簡約至「內外兩忘」的境界。悟到此境界後，繼之而
行的就是把持的工夫。

　　所謂「把持」的工夫，就是通過極高度的警覺性去存養此
「一本」的圓融境界，使之不再下掉回分殊性的觀照和修養。
這種高度警覺性的把持，具體地說，就是「誠」、「敬」、
「愼獨」三方面的實踐工夫。以下兩節分別闡明之。

(一)體悟——境界的提昇、意識的轉化

　　「悟」當然是一種智慧的透識。但此智慧並不等同於一
般的理性推理，乃是一種與生命體驗不可分的了悟。故明道
嘗言：『吾學雖有所授受，「天理」二字，卻是自家體貼出
來。』（《明道學案》）此處謂『自家體貼』，是一種生命
的體驗。唯有通過生命深切的體驗（體證），才有智慧的躍
昇。[54] 而此種躍昇是『異質的跳躍，是突變』、是『直下使
吾人純道德的心體毫無隱曲雜染地（無條件地）全部朗

---

[54] 參Wm. T. de Bary, "Neo-Confucian Cultivation and the Seventeenth-
Century 'Enlightenment'" in The Unfolding of Neo-Confucianism, ed.
Wm. T. de Bary (New York: Columbia University Press, 1975), pp. 176-
178。

現。』[55] 體悟的前後，在觀照境界上是異質的。故明道曰：

> 悟則句句皆是這箇。道理已明，後無不是此事。（《明道學案》）

因此，『覺悟便是信。』（《遺書》卷六，未注誰語，然見《明道學案》）

然而，這種「悟」的境界究竟是怎樣的一種意識狀態？二十世紀以來，藉著東西方文化的交流，西方的心理學者對東方哲學和「悟」的境界產生了很大的研究興趣。[56] 他們的觀察和探索，提供了一個不同的角度去了解所謂「圓頓的觀照境界」和其中所牽涉的問題。

若我們運用心理學的角度去描述「悟」的境界，這「悟」的境界可稱為一種「非常態的意識」（altered state of consciousness），以別於我們日常生活中的「常態的意識」（ordinary state of consciousness）。[57] 在這種「非常態的意識」經驗中，通常有如下的現象描述：[58]

---

[55] 見牟宗三：《心體與性體》（二），第239頁。

[56] 參見 J. Rowan, Ordinary Ecstasy（London：Routledge & Kegan Paul, 1976），p. 99。

[57] 參見 R. May, Man's Search for Himself（London：Souvenir Press, 1975），pp. 138-142。

[58] 筆者綜合下列論者的觀點：Rowan, Ordinary Ecstasy, pp. 101-105; A. H. Maslow, Religions, Values, and Peak-experiences（Harmondsworth：Penguin Books, 1976），pp. 59-68; A. Greels, 'Mystical Experience and the Emergence of Creativity' in Religious Ecstasy, ed. N. G. Holm

1. 統攝（unity）——經驗極高度的自我整合（self-integration）（向內統攝），也經驗到自我與自我以外的世界不再是主客相對的關係，而是渾然一體（向外統攝）。

2. 超越時空（transcendence beyond time and space）的新體認——對周圍世界有嶄新的官感。世界不再是個殊事物的組合，而是一渾然的整體（integrated and unified whole）。觀者能如其所如地看世界（the world as it is），世界不再被看作為被利用、被驅使的對象。世界變得更美善和更有崇高的價值。

3. 自我的釋放——自我變得更開放（不執著、不主觀），經驗到徹底的自由和逍遙。能夠透過以往未嘗試過的新角度和新觀點去理解問題和發現人生。意識方面具有高度的心意集中（tremendous concentration）而不受干擾，感受上是釋放和容納的心境（receptive mode）。

4. 弔詭性（paradoxicality）——獲至跨越常態心意運作（normal intellectual operation）的高層次智慧（直覺），因此其體會是理性言語不能完全表達的（beyond rationality）。這種超越理性內涵的經歷，

（Stockholm : Almqvist & Wiksell International, 1982），pp. 28-30, 39-43；鈴木大拙、佛洛姆：《禪與心理分析》（台北：志林，1977），第186-206頁。

有時被認爲是不可表傳的（inexpressible），或只可以用弔詭性的言語的對破（language paradox）去作導向性的指點而已。

從以上描述的現象，我們可看見，明道「一本」的圓融觀照境界，基本上就是一種「非常態的意識」經驗。就明道的「一本」境界來說，有兩個心理學的觀察和發現顯得特別重要：一是「解脫分解性的體認」（de-differentiation），另一是「解脫習性的歷程」（de-automatization）。

按心理學者雅禮提（Silvano Arieti）的研究，尋常人在常態意識的情況下，認知的模式是運用理性，因而是傾向結構性和「分解性」（differentiation）的。然而，具備「非常態意識」層次經驗的人，他們能夠將自己復返至一種「最基層的認知歷程」（primary cognitive process），運用**「非分解性」的直觀**（intuition）和**映像**（image）的**思維方式**去把捉對象世界，從而產生一種高層次的統攝觀照經驗。[59]

「非分解性的直觀」原本是屬於「前意識」（preconscious）階段的思維活動，可稱爲「內念」（endocept）(例如：驚訝、懷疑、忿怒等先於語言表達出來的直覺意念)，以別於在有意識活動時運用的「概念」（concept）。「內念」是有意識思維未形成之前的「前意識」活動，故此

---

[59] 參 S. Arieti, Creativity, the Magic Synthesis（New York, 1976），見 Greels, 'Mystical Experience' in Religious Ecstasy, pp. 30-34, 44, 56-58之引述。

是「前語言」（preverbal）的直觀把捉，是非分解性（無分別相）的思維活動。具備意識訓練的人，能夠將此原屬於基層的認知歷程躍動（activate）起來，成為一種**有意識的直觀思維**。這種直觀思維所體驗和認知的內涵，是超越分別相、非分解性，也是超語言概念的。

而所謂「映象的思維方式」原屬於人的記憶經驗部份。人在當下的認知活動是傾向分解性的(例如：每件事情的發生，是有先後的時序)。但在回憶中，以往的認知內涵就以「映象」的方式在意識中再現。映象的思維活動因為是印象性，所以是傾向統攝地把捉對象的內涵(例如：記憶起月前發生的「一件事」，在回憶中整件事是以一刹那的印象呈現的，不再分解為先後的時序)。具備意識訓練的人，能夠將此原屬於記憶經驗的思維方式躍動起來，成為當下直觀地統攝對象世界的歷程。

總而言之，一位具備意識訓練的人，可以將自己的思維接入「非常態意識」的經驗中，將原本屬於「最基層的認知歷程」和回憶經驗的「映象思維」躍動起來，成為當下有意識地統攝對象世界的直觀。在這統攝的觀照中，主客相對的分別相被化掉，天地萬物亦成為貫通圓融無外的「一體」。這種心理學的描述，亦可作為理解明道「一本」境界的參考。

然而，究竟如何才能具備這種意識的訓練？心理學者戴民（Arthur Deikman）提供了很有價值的研究，他稱之為「解

脫習性的歷程」（de-automatization）現象。[60] 原來當我們的大腦接收外來信息的時候，因著每個人過往的經歷、學習和社會化歷程等，思維中已先存了許多既定的格套（stereotypical interpretation patterns）去過濾接收到的信息，這現象可稱爲「習性的過濾機能」（automatization）。因著這種習性的格套過濾機能，人往往被限制於只從某些特定的角度去把捉對象世界。而「解脫習性的歷程」正是要打破這種內在格套，將認知從習性的過濾機能中釋放出來。既然接收的信息資料不再被限制地安放於某些既定的框框之中，意識逐可以開啓了嶄新和更多不同的觀點去理解事物。這就是「悟」的觀照境界。[61] 佛洛姆（Erich Fromm）在《禪與心理分析》中有如下的描述：

> 非抑制狀態是一種高度對事實獲得直接，不偏曲的領會，再度獲得兒童的單純與自發性……覺醒的人是解脫的人，他的自由既不被他人限制，又不被自己限制。察覺到以前所未察覺之物，這個歷程乃是內在革命的歷程。創造性的知性思想與直覺性的直接領悟，其根源都是這眞正的覺醒。[62]

按照戴民的研究和觀察，要獲得這種「解脫習性的歷程」，

---

[60] 見 A. Deikman, 'Deautomatization and the Mystic Experience,' Psychiatry 29（1966）: 329-343。

[61] 見 R. E. Ornstein, The Psychology of Consciousness（Harmondsworth: Pengiun Books, 1975）, pp. 148-157。

[62] 鈴木大拙、佛洛姆:《禪與心理分析》，第 194-195 頁。

需要經過恆久心意專注的靜觀和默想操練。從意識活動的角度來說，心意專注的靜觀和默想，是將外在及內在的干擾和激動逐漸減至最低（decreasing arousal）的經驗歷程。按費雪（R. Fischer）的發現，這種減低干擾和激動的歷程是從身體與心境的鬆弛開始，然後進入內心也寧靜的境界，將意識只專注於一件對象事物之上，最後取消專注的對象，但仍保持一種純粹不受干擾的意識專注狀態。至此，操練者漸進入一種渾然忘我（ecstasy）的心境之中。[63] 這種渾然忘我的意識狀態，在功能上可以逐步解開大腦習性的格套過濾機能。在這清朗不偏的心境之中，觀者可以發現和運用更多以前未察覺的角度、層次和觀點去把捉對象世界。明道亦有提及『閉目靜坐爲可以養心』的工夫 [64]。並且《明道學案》附錄載：

> 明道終日坐如泥塑人。然接人渾是一團和氣。所謂望之儼然，即之也溫。

然而明道不欲以道家的「虛靜」，或佛家的「浮屠入定」爲典範，認爲他們的寂滅湛靜工夫，只會把人弄得『如槁木死

63　見 R. Fischer, 'State-Bound Knowledge' in <u>Understanding Mysticism</u>, ed. R. Woods（London : Athlone Press, 1981），pp. 306-311。

64　見《遺書》卷二下：『今言有助於道者，只爲奈何心不下，故要得寂湛而己，又不似釋氏攝心之術。論學若如是，則大段雜也。亦不須得道，只閉目靜坐爲可以養心。』(未注誰語，然筆者同意龐萬里：《二程哲學體系》，第 373 頁的推論，判定爲明道語)。

灰』而已。[65] 蓋明道所倡議的，仍在於極力擺脫道佛以歸回孔孟。故於「悟」前的工夫上，明道只講『閑邪』存『誠』的『直截』方法：

> 忠信所以進德者何也？閑邪則誠自存，誠存斯爲忠信也。如何是閑邪？非禮而勿視聽言動，邪斯閑矣。以此言之，又幾時要身如枯木，心如死灰？又如絕四後，畢竟何，又幾時須如枯木死灰？敬以直內，則須君則是君，臣則是臣，凡事如此，大小大直截也。

（《遺書》卷二上，未注誰語，然見《明道》學案）

按明道的見解，我們上文所述的「習性的過濾機能」是由於人被**物欲**所蔽。故所謂「閑邪」的工夫，就是對物欲的意念（例如：非禮之事，非禮之言）採取一種敏銳的**直截撥開**反應。人既不受物欲習性的所蔽，就能獲得眞「知」（即所謂「君是君」，「臣是臣」）。故《明道學案》云：

> 人只爲自私，將自家軀殼上起意，故看得道理小了底。

---

65 見《遺書》卷二下：『若言神住則氣住，則是浮屠入定之法。雖謂養氣猶是第二節事，亦須以心爲主，其心欲慈惠虛靜，故於道爲有助，亦不然。』又卷二上：『今語道，則須待要寂滅湛靜，形便如槁木，心便如死灰。豈有直做牆壁木石而謂之道？所貴乎「智周天地萬物而不遺」，又幾時要如死灰？所貴乎「動容周旋中禮」，又幾時要如槁木？論心術，無如孟子，也只謂「必有事焉」。今既如槁木死灰，則卻於何處有事？』(未注誰語，然筆同意上述龐著，第 357 頁的推論，判定爲明道語)。

正面地說，就是：

> 觀天理，亦須放開意思，開闊得心胸，便可見，打撲
> 了習心兩漏三漏子。（《遺書》卷二上，未注誰語，然見
> 《明道學案》）

可見明道將這種「解脫習性的歷程」賦予了道德哲學的意義。他認爲是物欲令人產生「習性的過濾機能」。解開這種機能，就不但可以具備圓頓的觀照，而且是見到因物欲所蔽而看不見的天理了：

> 人心莫不有知，惟蔽於人欲，則亡天理也。（《遺書》
> 卷十一）

由此可見，「知」與「人欲」是相對的。陷溺於感官的進路，則只見分殊面貌，明道稱之爲『氣勝』。能以超越的智慧透識「一本」，就是「知」、是『理勝』。明道舉示一個比方：

> 目畏尖物，此事不得放過，便與克下。室中率置尖
> 物，須以理勝佗，尖必不刺人也，何畏之有！（《遺
> 書》卷二下，未注誰語，然見《明道學案》）

以「理」立住生命，勝過感覺的自然傾向，就是所謂以『理勝』。故明道又言：『志可克氣，**氣勝**則憒亂矣。今之人以恐懼而勝氣者多矣，而**以義理勝氣**者鮮也。』（《遺書》卷十一）心能貞定於義理，便能一旦豁然貫通，生命亦頓然提昇至一嶄新的境界。而世間萬事萬物皆不外此「一本」而呈現，就如『靜後見萬物**皆有春意**』（《遺書》卷六，未注誰語，然見《明道學案》）一般的圓融瀟洒。

㈡漸悟漸修——「誠、敬、慎獨」的把持工夫

以上一節從「意識狀態」轉化的角度去理解明道的圓頓觀照境界，指出這種境界的提昇，亦有操練工夫可循，此即心意的專注，而目標則是解脫習性的格套過濾機能。總括來說，就是「閑邪」和「減」（簡約）的工夫。問題是，這些工夫亦須**點點累積**，才會帶來開悟。如此看來，「悟」可以是「頓悟」，但「修」一定是「漸修」。方東美在論及「圓教」的境界時說：

> 〔無論〕是圓教、頓教，但是在修行方面卻有一個「漸」字訣。所以我常說，一定是「漸修而頓悟」……一切精神修養很高的人，原來都是普通的人，都是凡夫，在脫離凡夫的地位之後，努力精修，然後從初地、二地、三地，循著這個精階梯逐漸一層一層的爬上去，這個才是所謂「通教」……我們祇看到歷史上有許多聖人，但聖人不是天上掉下來的，他們都是在現實世界的人間裏面苦修……都是靠修煉的功夫，才可以得到最後頓悟的結果。[66]

---

[66] 方東美：《中國大乘佛學》（台北：黎明文化，1984），第 248-249 頁。明道提及司馬光和邵雍，謂他們二人是例外：『君實〔司馬光〕之能忠孝誠實，只是**天資**，學則元不知學。堯夫〔邵雍〕之坦夷，無思慮紛擾之患，亦只是**天資**自美爾，皆非學之功也。』（《遺書》卷二上，未注誰語，然筆者同意龐萬里：《二程哲學體系》，第 357-358 頁的推論，判定為明道語）既然司馬及邵兩人的「天資」是例外，正反映明道相信一般人必須要「學」（工夫），才可以達到『坦夷』和『無思慮紛擾之患』的境界。

不但悟之前需要有工夫，悟之後也同樣需要工夫。此即「把持」的工夫。對於悟後的把持工夫，明道就說得較肯定和明顯了。體悟是始點，是頓然而起的。而把持的工夫則是延續的，是維繫那開悟所躍昇至的境界。因而兩者同樣具有決定性。蓋『大凡把捉不定，皆是不仁。』（《明道學案》）「把捉」就是一種維持的工夫。此明道所以謂：『勿忘勿助長之間，正當處也。』（《遺書》卷三）《定性書》的「定」字，正是此意：『所謂定者，動亦定，靜亦定。』此處是指本心之貞定，牟宗三認為：

> 此處自須有一工夫，消極地說，使吾人之心自感性中超拔解放，不梏于見聞，不為耳目之官所蔽，而回歸于其自作主宰、自發命令、自定方向之本心，積極地說，使此本心當體呈現，無一毫之隱曲。[67]

故把持的工夫亦可視之為一種**內在的拉力**。在這內在拉力的控制下，自然能動、靜自如，內外兩忘。明道言：

> 凡學之雜者，終只是未有所止，內自不足也。譬如一物懸之空中，苟無所依著，則不之東則之西。故須著摸他道理，只為自家內不足也。譬之家藏良金，不索外求。貧者見人說金，便借他的看。（《明道學案》）

這裏『內自足』或『家藏良金』的比喻所指，就是那一份內在的把持力。具備這把持力，就可以保持在境界的狀態之中。具體而言，持守這境界的高度警覺性，就是通過

---

67 牟宗三：《心體與性體》（二），第 236 頁。

「誠」、「敬」、「愼獨」三方面的工夫去完成。

「誠」是將**內在生命與外在生命徹底貫通**的工夫。故明道曰：『誠者合內外之道，不誠無物。』（《遺書》卷一，未注誰語，然見沈桂：《明道全書》）根據上節的討論，若能誠而合內外，則可以持守那『物來順應』、『內外兩忘』的心境。相反而言，『不誠則逆於物而不順也。』（《遺書》卷十一）故誠有**將分殊統攝歸**一的能力，完成生命實踐中的簡約取向。只是一個誠去對應萬事萬物，就可以處處相應。故明道曰：

> 至誠可以贊天地之化育，則可以與天地參。贊者，參贊之義，「先天而天弗違，後天而奉天時」之謂也，非謂贊助。只有一箇誠，何助之有？（《遺書》卷十一）

這正是明道所言的最高境界：『須是**合**內外之道，一天人，**齊**上下，下學而上達，極高明而道中庸。』（《遺書》卷三）

誠不但有統攝歸一的力量，也是在最微小的事情上持守不懈。蓋『體物而**不可遺**者，**誠敬**而已矣。「不誠則無物」也。詩曰：「維天之命，於穆不已，於乎不顯，文王之德之純。」純則**無間斷**。』（《遺書》卷十一）故至誠，就生命所對應的範圍而言，是「不遺」；就生命的持守性而言，是「無間斷」。因此，誠是**貫通生命的內外**，大則可以統攝天人、萬事萬物，小則可以不遺而無間斷。此正是把持「一本」境界的**最核心工夫**。

　　「敬」在明道的理解中，與「誠」的作用極接近。故明道多將「誠敬」放在一起說。例如《識仁篇》謂：『識得此理，**以誠敬存之而已**。』《遺書》卷十四言：『學要在敬也、誠也，中間便有箇仁。』「敬」與「誠」同樣具有「不遺」、「不間斷」的工夫作用：

> 「天地設位而易行乎其中」，只是敬。敬則無間斷。
> （《遺書》卷十一）

「無間斷」是因為「敬」是一種不會因對象而轉變的道德意向（moral intentionality），是一種**徹底否定受形勢、功利關係支配的道德自覺**（moral self-consciousness）。故明道曾謂：『某寫字時**甚敬**，非是要字好，**即此**是學。』（《明道學案》）「敬」若能做到「無間斷」，自然亦可以在具體諸事物的應對上「無失」與「不遺」。故若以「敬」**整頓內在生命**，則外在的道德行為自然能挺立。故明道喜引《易經》云：

> 敬以直內，義以方外，敬義立而德不孤。（德不孤，與物同故不孤也）（《遺書》卷十一）

能敬，生命不但『德不孤』，更可以「無失」：

> 「中者，天下之大本。」天地之間，亭亭當當，直上直下之正理，出則不是，**唯敬而無失最盡**。（《遺書》卷十一）

可見，若「誠」是一種將道德生命內外貫通、天人無間的把持狀態，「敬」就是一種不受形勢、功利關係支配地（「無失」、「不遺」）對自己的道德自覺要求的工夫。故明道

言：『誠者天之道，敬者人事之本。敬則誠』（《遺書》卷十一）[68]

　　誠敬工夫的總全考驗，就是「慎獨」。故慎獨並非誠、敬以外另立一種的把持工夫，而是表達把持生命的最高峰要求。故明道極重視慎獨工夫的考驗。如《明道學案》云：『學**始**於**不欺暗室**。』此段楊開沅案：『純公**處處提倡慎獨**，不待戢山也。』能慎獨，則能「不須臾離道」，此是誠敬之「**無間斷**」。能慎獨，則能「戒慎乎其所不睹，恐懼乎其所不聞」，此即事無大小皆可以「**不遺**」。故明道謂：

> 舞射，便見人誠。古之教人，莫非使之成己。自洒掃
> 應對上，便可到聖人事。洒掃應對，便是形而上者。
> 理無大小故也。故君子只在慎獨。（《明道學案》）

　　李承煥先生論及明道的存養工夫時指出，明道所謂的「誠」與「敬」作為存養的工夫，重點並非指某類型的「德目」（virtues），『而指專一集中之意志狀態』。故此明道謂『以誠敬存之』時，是克就意志的工夫來說。[69] 蓋「悟」雖然是一種生命的躍昇。但一次的開悟，並不保證生命不會再下墮，故此意志必須經常保持在一種高度警覺性的狀態之中。勞思光先生在論王陽明後學功夫問題時，即指出這是一

---

68 參鍾彩鈞：「二程道德論與工夫論述要」，《中國文哲研究集刊》第 4 期（1994）：12-16；以「誠」是人與天道流合而為一的境界，而「敬」則是勉強求無間斷的力行工夫。

69 見李承煥：「程明道思想中『價值』之根據與其實踐的問題」（台大哲學研究所碩士論文，1984），第 95-97 頁。

種『念念不怠不息，永遠開拓的工夫原則。』[70] 這種「念念不怠不息」的工夫，本身又可以成爲更高一層「開悟」的修養工夫。因此，「修」、「悟」與「把持」三者是相互交替地緊扣在一起的。「修」與「把持」的工夫當然是「漸」的操練，而「悟」也不一定一生只有一次。故「開悟」也可以是不斷、多次躍昇的歷程，而天理之朗現亦是永不止息地開展呈現在人的道德體驗之中。從這個角度來說，也可稱爲「漸悟」。秦家懿女士在論及「王學」的總結中對「悟」與「修」的見解，也可以用來理解明道「一本」的工夫歷程：

> 王陽明的一生，有過多次的「悟」。可是他所發明的成聖方法，卻不是得悟的方法，而是漸修的方法。原來「頓悟」是無法可求的，只有漸修以待之而已……漸修功夫只是令之由隱而顯，就如明鏡自然反照萬物一般。所以陽明也不將「悟」與「修」分開。筆者相信他認爲，「悟」不一定要「頓」，也可以通過「漸修」而來：所謂「漸修漸悟」，不是不承認「頓悟」，而是融會「悟」與「修」。[71]

---

70 見勞思光：「王門功夫問題之爭議及儒學精神之特色」，《新亞學術集刊》第三期（1982）抽印本：17-18。

71 秦家懿：《王陽明》（台北：東大，1987），第 190-191 頁。

第三章 程伊川之致知與涵養工夫

一、引言 —— 伊川工夫論之一般性格

一直以來，論者喜歡將程氏兄弟二人作比較，以求其異同。蓋二人雖為兄弟，而性格互異。就是他們自己，也有如此自覺。[1] 《河南程氏外書》亦載不少其門人對兄弟二人不同性情的比較觀察。[2] 一般而言，兄弟二人於待人接物、以致論學風格的相異，可以黃百家在《宋元學案》卷十三之《明道學案》（上）一段話表達出來：

> 顧二程子雖同受學濂溪。而大程德性寬宏，規模闊

---

[1] 《外書》卷十二載：『伯淳謂正叔曰：「異日能尊師道，是二哥。若接引後學，隨人才成就之，則不敢讓。」』此可見明道自覺其不同於伊川。又，《宋元學案》「伊川學案」之「附錄」載：『二程隨侍太中知漢州。宿一僧寺。明道入門而右，從者皆隨之。先生〔伊川〕入門而左，獨行。至法堂上相會。先生自謂：「此是某不及家兄處。」蓋明道和易，人皆親近。先生嚴重，人不敢近也。』此可見伊川亦自覺其不同於明道。

[2] 例如：《外書》卷十一：『明道先生每與門人講論，有不合者，則曰「更有商量」，伊川則直曰不然。』卷十二：『伊川與君實語，終日無一句相合；明道與語，直是道得下。』（「上蔡語錄」所記）又，『明道猶有謔語，若伊川則全無……伊川直是謹嚴，坐間無問尊卑長幼，莫不肅然。』（「震澤語錄」所記）

廣，以光風霽月爲懷。二程氣質剛方，文理密察，以
削壁孤峰爲體。其道雖同，而造德自各有殊也。[3]

明道的工夫論較著重圓頓的觀照境界，而伊川則精確而嚴
謹，著重深細的工夫。故朱熹亦謂伊川『較子細』、『收束
檢制』和『嚴毅』。[4] 又謂『伊川之言，即事明理，質愨精
深，尤耐咀嚼。』[5] 如此深細的工夫進路，使伊川特別關注
「如何可能」（how）的問題，而貶抑好高務遠的話頭。《遺
書》卷十五伊川言：

> 古之學者，優柔厭飫，有先後次序。今之學者，卻只做
> 一場話説，務高而已。常愛杜元凱語：「若江海之浸，
> 膏澤之潤，渙然冰釋，怡然理順。」然後爲得也。今
> 之學者，往往以游、夏爲小，不足學。然游、夏一言
> 一事，卻總是實。好子路、公西赤言志如此，聖人許
> 之，亦以此自是實事。後之學者好高，如人游心於千
> 里之外，然自身卻只在此。[6]

3　董金裕在其《宋儒風範》（台北：東大，1979）中「敬義夾持，相
　　反相成的二程兄弟」一節（第 37-46 頁）有很好的比較概述。亦可
　　參程兆熊：《大地人物——理學人物之生活的體認》中描述程明道、
　　程伊川兩章（第 45-68 頁），《完人的生活與風姿》（台北：大
　　林，1978）。

4　見《朱子語類》卷九十三。

5　《朱子全書》卷卅一答張敬夫。

6　參《遺書》卷十五：『今之語道，多說高便遺卻卑，說本便遺卻
　　末。』

真正的工夫進路，應該是由小處漸進，步步踏實、點滴積累而得。這才是一種『**實見**』，與『**耳聞口道**』的『**說得**』是對立的。故伊川云：

> **實理者，實見得是，實見得非。凡實理，得之於心自別。若耳聞口道者，心實不見……至如執卷者，莫不知說禮義。又如王公大人皆能言軒冕外物，及其臨利害，則不知就義理，卻就富貴。如此者，只是說得，不實見……**昔若經傷於虎者，他人語虎，則雖三尺童子，皆知虎之可畏，終不似曾經傷者，神色懾懼，至誠畏之，是**實見得**也。（《遺書》卷十五）

這種踏實、實見的步步進迫工夫，我們無必要肯定是伊川為了矯正明道之境界性的教學方法而提出。[7] 但可以肯定的是，對於明道那種似乎『不由工夫階級而得，乃亦無工夫階級可尋』的境界性指點，[8] 在學聖上伊川是提供了一套理路清明的成聖之道的進路。

　　具體而言，伊川的成聖之道，總括於他所言『涵養須用敬，進學則在致知』（《遺書》卷十八）這句話所展開的義理規模。

7　參管道中：《二程研究》（上海：中華，1937），第 59-60 頁之見解。

8　錢穆：《朱子新學案》（台北：三民，1971），第三冊，第 127頁。

二、伊川格物窮理致知工夫之疑難

(一)「格物窮理致知」的道德實踐意義

伊川言「格物」、「致知」與「窮理」，目的並非純粹作為一種知性的增加，乃指向**道德生命的提昇**。因此是落在修養論和工夫論的範疇，而非純粹知識論的思辨問題。[9]

這種說法，在伊川的語錄中有明顯的佐證。《遺書》卷二十五謂：『自**格物**而充之，**然後可以至聖人。**』又言：『**天下之理得，然後可以至聖人。**』可見伊川的格物、窮理工夫，是以「至聖人」為目標。因此伊川謂『**進學則在致知**』時，其所指的「學」，不單是指知性資料的增加，而是必以「為聖人」作最終目的：『**言學便以道為志，言人便以聖為志。**』（《遺書》卷十八）

既然伊川認為致知窮理是以道德生命的提昇為最終目標，其所謂格物的「物」、致知的「知」及所窮理的「理」，就當然並非單指外在客觀宇宙的「物理」，而是廣

9　參馮耀明：《‘致知’概念之分析——試論朱熹、王陽明致知論之要旨》（新加坡：東亞哲學研究所，1986），第 1-8 頁論「同質區分的誤用」（misuse of homogeneous distinction），澄清了宋明儒學中所謂「聞見之知」與「德性之知」之不同範疇區分。亦見劉象彬：《二程理學基本範疇研究》（河南：河南大學出版社，1987），第 121-124 頁，論二程的「致知、窮理」是以「至善」為目的、歸宿。

涉於道德生命的學問。故《遺書》卷十九載：

> 問：「格物是外物，是性分中物？」曰：「不拘。凡
> **眼前非是物，物物皆有理**。如火之所以熱，水之所以
> 寒，至於君臣父子皆是理。

此處可見，「格物」指客觀宇宙（「火之熱，水之寒」），
也指道德關係的世界（「君臣父子間」）。

　　但重要的是，伊川在陳述其方法論時，並不將理解客觀
宇宙之「物理」、與理解道德世界之「事理」嚴格分開。而
他所謂的「物」，可泛指**一切理解的對象**——『凡眼前無非是
物』、『物者，凡**遇事**皆物也。』（《外書》卷四）。故
「格物」，就其方法論及理解對象而言，是涵蓋客觀宇宙事
象和道德世界事象的。

　　對伊川而言，「格物」與「窮理」幾乎是同義的。[10] 故
《遺書》卷廿五謂：『**格**猶**窮**也，**物**猶**理**也，猶曰窮其理而
已也。』又載：『又問：「如何是**格物**？」先生曰：「格，
至也，言**窮**至物**理**也。」』（《遺書》卷廿二上）。既然
「格物」於「物理」及「事理」無嚴格分別，「窮理」亦應
涵蓋客觀宇宙的事象和道德世界的事象，伊川因而可以謂：
『窮理亦**多端**：或讀書，講明義理；或論古今人物，別其是
非；或應接事物而處其當，皆窮理也。』（《遺書》卷十

10　勞思光：《中國哲學史》（卷三上），第264頁：『直以「**窮理**」與
　　「格物」字字相應而說之……是伊川獨有之立場。』

八）縱然伊川言「窮理」，多指道德生命範圍而言，[11] 但「窮理」亦可泛指一般所言的客觀宇宙之「物理」。例如《遺書》卷十五，伊川論及醫藥之「理」，謂：『醫者不詣理，則處方論藥不盡其性〔按：此處的「理」與「性」只就物理與藥性而言，非泛指道德生命的「理」與「性」〕，只知逐物所治，不知合和之後，其性又如何？……古之**窮盡物理**，則食其味，嗅其臭，辨其色，知其某物合某則成何性。』可見，於伊川而言，「窮理」與「格物」同樣是涵蓋客觀宇宙的物理與道德世界的事理。

但問題就落在「致知」了。原則上，「格物」「窮理」的結果，於伊川，就是「致知」：『致知，盡知也。**窮理格物，便是致知**。』（《遺書》卷十五）。故此，「格物」「致知」「窮理」三觀念之貫通，是自然的結論。[12] 然而，伊川卻順著張橫渠的觀點，嚴格界分「聞見之知」與「德性之知」兩種「知」：[13]

> 聞見之知，非德性之知。物交物則知之，非內也。今之所謂博物多能者是也。德性之知，不假見聞。（《遺

---

11 此類語錄甚多，茲錄數條：『**窮理**盡性至命，只是一事。才窮理便盡性便至命。』（《遺書》卷十八）『**理**也，性也，命也，三者未嘗有異。**窮理**則盡性，盡性則知天命矣。』（《遺書》卷廿一下）

12 參勞思光：《中國哲學史》（卷三上），第264頁。

13 參《正蒙「大心篇」》卷七：『見聞之知，乃物交而知，非德性所知。德性所知，不萌于見聞。』又謂：『誠明所知，乃天德良知，非聞見小知而已。』（《正蒙「誠明篇」》卷六）。

書》卷廿五）[14]

問題是，「格物、窮理」的對象既然是廣泛地涵蓋『一切具體存在、性質、關係、活動、行事』[15]，但作爲格物窮理所達至的境界的「致知」，卻嚴格地區分「德性之知」與「聞見之知」，則伊川如何理解這**延續**與**界分**之間的矛盾？究竟伊川所言「格物窮理致知」的「知」，是單指「德性之知」？抑包括「聞見之知」？是否「聞見之知」於伊川的意義和價值，只是令道德實踐成爲可行的『必要條件』的一種『認知思解的知識活動』而已？[16] 要回答這一連串的問題，我們必須對伊川言「格物、致知」有進一步在文獻及理論架構上的研究，此即爲以下數節的主要課題。

㈡ 疏解伊川「格物、致知」工夫的偏差

疏解伊川的「格物致知」工夫，容易犯上兩種偏差。一是表面地將「格物窮理」工夫類比於近代西方的科學歸納法。一是過份用朱熹對「格物致知」的認知系統去套入伊川對「格物致知」的理解，犯了在詮釋上將歷史先後倒置的偏

14　參《粹言》卷二「心性篇」：『見聞之知，乃物交而言，非德性所知。德性所知，不待於聞見。』；又云：『聞見之知非德性之知，德性所知，不假聞見。』

15　岑溢成：《大學義理疏解》（台北：鵝湖，1985），第 69 頁。

16　馮耀明：《'致知'概念之分析》，第 26，25 頁。參戴璉璋：「德性之知與見聞之知」一文，載於《牟宗三先生的哲學與著作》（台北：學生，1978），第 704 頁：知識是一切道德行爲的『必要性』『條件』。

差。以下分別按次討論和釐清這兩種偏差。

　(1)將伊川「格物窮理」工夫類比於近代西方的科學歸納
　　　法

　　論者誤將「格物窮理」工夫類比於近代西方的科學歸納法，[17] 是由於表面地理解伊川所言『人要明理，若止一物上明之，亦未濟事，**須是集眾理，然後脫然自有悟處**』（《遺書》卷十七）幾句，以為就是『西洋哲學』中的『歸納法』。[18]

　　我們可以借用狄爾泰（Wilhem Dilthey）對「自然科學」（Naturwissenschaften）與「人文研究」（Geisteswissenschaften）之間的界分去釐清這誤解。[19] 據狄爾泰的理解，「人文研究」與「自然科學」在理解的**課題**、理解的**目的**和理解

17　例如羅光：《中國哲學思想史（三）》（台北：先知，1976），第398頁。A. C. Graham, Two Chinese Philosophers: Ch'êng Ming-tao and Ch'êng Yi-ch'uan（London: Lund Humphries, 1958），p.79。

18　羅光：《中國哲學思想史（三）》，第397-398頁。

19　將德文 'Geisteswissenschaften' 翻譯成「人文研究」須要作點補充的解釋。首先是狄爾泰一如黑格爾，賦予 'Geist' 較廣闊的意義——泛指一切人類心智的成果，接近中文「人文」一詞。而 'Wissenschaft' 的翻譯，則基於狄爾泰強調 'Geisteswissenschaften' 具有其自身獨特的理解（Verstehen）方法和進路，而不一般性地譯作「科學」，以免引起現代英語 'science' 一詞帶來的聯想。譯作「研究」，可以涵蓋更闊的方法論。H. P. Rickman 在其 Wilhelm Dilthey : Pioneer of the Human Studies（London : Paul Elek, 1979）一書亦將 'Geisteswissenschaften' 翻譯作 'human studies'，與筆者所持見解較近。參該書，第59-63頁。

的**進路**方面，都有基本的分別。[20]

　　首先是理解的**課題**。雖然伊川言『一草一本皆有理』
（《遺書》卷十八），但論及具體的窮理之道時，則舉出
『讀書』（讀聖賢典籍）、『論古今人物，別其是非』（從
歷史人物的際遇及行傳獲得生命的啓迪）及『應接事物而處
其當』（待人接物之道）。[21] 借用狄爾泰的界分，伊川窮理的
課題重點，皆在於理解人文世界中人的生命體驗（Erlebnis）
和這生命體驗的呈現（Erlebnisausdrücke）方面。[22] 故理解的
內涵，是人類心靈所展開的人文世界（geistige Welt），而並
非純粹外在客觀陳列的現象和經驗素材（aüssere Erfahrung）
而已。[23]

---

[20]　Ramon J. Betanzos 在 其 英 譯 狄 爾 泰 著 Einleitung in die
　　Geisteswissenschaften（1833）一書「序言」中謂將「人文研究」與
　　「自然科學」界分開，是狄爾泰一生的使命。見 id.,Introduction to the
　　Human Sciences (Detroit : Wayne State University Press, 1988), p.31。

[21]　《遺書》卷十八。亦參本章第 88-90 頁。

[22]　見 W. Dilthey, Gesammelte Schriften〔ed. B. Groethuysen，縮寫作
　　GS), vol. 7: Der Aufbau der geschichtlichen Welt in den
　　Geisteswissenschaften (Stuttgart: B. G. Teubner Verlagsgesellschaft,
　　1965), pp. 138-152, 191-220。

[23]　見 Dilthey, GS, vol. 1: Einleitung in die Geisteswissenschaften，pp. 4-21
　　及 GS, vol. 5: Beiträge zum Studium der Individualität，. 242-258。及Ideen
　　über eine beschreibende und zergliedernde Psychologie，pp. 139-153。亦
　　參：M. Ermarth, Wilhelm Dilthey: The Critique of Historical Reason
　　(Chicago: University of Chicago Press, 1978)，pp. 97-100。

另就理解的**目的**方面，伊川的「格物窮理」並非旨在發現或純粹描述某些物理原則，而是以『至聖人』爲大方向。伊川言：『隨事觀理，而天下之理得矣。天下之理得，然後可以**至聖人**。』（《遺書》卷廿五）又云：『自格物而充之，然後可以**至聖人**。』（同上）這種將學問直接連繫於「生命實踐」（Praxis des Lebens）的特質，狄爾泰認爲正是「人文研究」相異於「自然科學」的地方。[24] 亦正是由於理解的目的是在於道德生命的實踐，理解的結果也必然具有**價值判斷**的**評述**，而非只是抽象地描述一些事物的現象而已。[25] 這種具有價值判斷的理解結論，尤見之於伊川論古今人物的言論（詳見下文）。既然「窮理」與道德價值判斷不可分，故伊川能言『窮理盡性至命，只是一**事**。』（《遺書》卷十八），因而『格物之理，不若**察之於身，其得尤切**。』（《遺書》卷十七）

再就理解的**進路**（方法論）而言，伊川之「格物窮理」亦顯然與將客觀資料累積的歸納法有極不相同的意向。借用普朗丁格（Theodore Plantinga）所言，「人文研究」是充量**個殊化**的科學進路（individualizing sciences），而「自然科學」卻盡量運用**普遍化**的方法（generalizing method）。[26] 例

24　見 Dilthey, GS, vol. 7, Aufbau, pp. 316-317。

25　參：Rickman, Dilthey, p. 64; Ermarth, Dilthey, pp. 107-108。

26　T. Plantinga, Historical Understanding in the Thought of Wilhelm Dilthey（Toronto：University of Toronto Press, 1980），p. 29，參同書，p. 35-39。

如伊川論『由經窮理』之學，認為讀聖賢經典（例如《春秋》），『**一句是一事**，是非便見於此，**此亦窮理**之要。』（《遺書》卷十五）。同樣地，要求資料**重覆**累積的歸納法，當然亦不可能用之於體察**歷史**人物（因為歷史的研究是沒有可能用重覆實驗的自然科學方法去進行的）。然而伊川卻謂：『**讀史**須見聖賢所存治亂之機，賢人君子出處進退，**便是格物**。』（《遺書》卷十九）

從以上的辨解，我們可見伊川的「格物窮理」工夫與自然科學中的歸納法是具有本質上的差異。將兩者表面地類比，是一種偏差。當然，以上只是指出伊川「格物窮理」工夫與科學歸納法之間的差異，至於伊川「格物窮理」的具體內涵，則於下文詳細交待。

(2) 將朱熹的「格物致知」論套入伊川的理解之中

另一種疏解伊川「格物窮理致知」所犯的偏差，就是過份地將朱熹的「格物致知」論套入伊川的理解之中，從而蓋過了伊川對「格物致知」工夫的獨特意向和貢獻。首先，持這觀點的論者強調伊川與朱熹屬於同一理學系統（橫攝系統），以突顯其與以陸象山和王陽明共倡的「縱貫系統」的分別及對立面。[27]

27　參見牟宗三：《心體與性體》第二冊（台北：正中，1975），第251-410頁（論「程伊川的分解表示」章）。牟宗三於此章中盡量引用朱熹的哲學系統去疏解各條伊川語錄，強調伊川與朱熹在理學上的同系。亦參牟宗三：《心體與性體》第一冊（台北：正中，1968），第42-60頁（論「宋明儒之分系」一節）。

　　誠然，朱熹自覺地承傳及推崇伊川的哲學，是不諍的事實。但若以此就將伊川的哲學意向及思維等同於朱熹，將**後來**的朱熹之理、氣嚴格二分的系統和他對「格物窮理」分解性的意向套入在他**之前**的伊川的哲學，就一方面犯了時序上的倒置，也抹剎了伊川哲學的特質及貢獻。筆者贊同『朱子確是伊川之功臣』及『伊川所開之端緒俱爲其所完成而皆有確定之表示。』[28] 但因此就肯定程伊川與朱熹『心態相應，其思路相同』和『貫徹而一貫』，[29] 則未必。尤其是以朱熹所展開的宏大而精微的系統，去等同於伊川思維的洞悉，而定論伊川是屬於與『先秦儒家原有之縱貫系統』對立的『橫攝系統』，進而判之爲『「靜攝存有」之實在論的情調之他律道德』，[30] 就過於輕視伊川自身的獨特性了。此論既然認爲，伊川的存有論與朱熹一貫地都是「靜攝存有」的實在論、和分解性的「橫攝系統」，就自然亦一併地將伊川的「格物窮理」工夫放入朱熹「即物而窮其理」的格局中去理解。結果，伊川的「致知窮理」工夫就被看爲如朱熹一般的只是對那「超越的所以然之理」的「反躬」，故此是『靜涵靜攝之橫列型』、是『泛認知主義的格物論』了。[31]

　　當然，要察識伊川「格物致知」工夫的獨特性，有待下

28　牟宗三：《心體與性體》（二），第 255 頁。

29　同上。

30　同上，第 258 頁。

31　同上，第 392-403 頁。

文詳細交待。在此筆者只簡略指出，伊川雖與朱熹在學理上
有極多相同處，但他們之間有差異，亦是不諍的事實。[32] 首
先是二人對「理」的體會和理解。朱熹將理與氣、形上與形
下嚴格界分，[33] 這是他將張橫渠以來北宋儒者對理、象、物等
天道論盡力釐清的成果。[34] 然而對於伊川的哲學自身看，則沒
有足夠的證據定論他是持「理氣二元論」。正如日人市川安
司在其著《程伊川哲學の研究》中就支持常盤大定《支那に
於ける佛教と儒教道教》一書對伊川「理氣論」所作的結
論，說：

> 據常盤博士的見解，若如斷定伊川之哲學爲理氣二元
> 論的話，則〔在疏解上〕必會常出現矛盾……如前指
> 出，伊川的「理」，一面有「道理」的意思。然而，

32　程朱差異，自明末已爲學者如劉蕺山、黃梨洲及汪石潭等提出。參
　　見何炳松：《程朱辨異》（香港：存萃學社，1971；原刊於《東方
　　雜誌》第27卷9-12號），第 8 頁。

33　此類文獻甚多，茲引兩段。《朱子大全》卷四十六「答劉叔文」第
　　一：『所謂**理與氣**，此**絕是二物**。但在物上看，則二物渾淪，不可
　　分開各在一處，然不害二**物各爲一物也**。』《朱子大全》卷五十八
　　「答黃道夫」第一：『天地之間有理有氣。**理**也者，**形而上**之道
　　也，生物之本也。**氣**也者，**形而下之器**也，生物之具也。』亦參劉
　　述先：《朱子哲學思想的發展與完成》（台北：學生，1984），第
　　269-354頁「朱子理氣二元不離不雜的形上學」章。

34　參張立文：《中國哲學範疇發展史（天道篇）》（北京：中國人民
　　大學，1988），第 560-566 頁。

　　　　若以此意思，就在「理」對比於「氣」的基礎上建立
　　　　「理氣二元論」的話，未免是過於草草作出結論了。[35]
對伊川有關文獻作仔細疏解及研究後，市川安司結論謂，若
只是按照對朱熹二元論的解釋，去應用於伊川對理氣關係的
理解，是『危險』的。市川安司認爲，『畢竟伊川的哲學焦
點是在於究明「理」。此外，在探求「理」方面，並非如朱
熹哲學所提出的以「理」對比於「氣」。〔伊川〕乃是尋索
事物間的理，而以此付諸於實踐。至於「氣」方面，確實與
事物的發生有關連；即是說，〔氣〕具有物質的性格。然
而，在伊川的著作中，提及氣的部份，仍佔整體的極少部份
而已。可以說，〔他〕是傾向於在〔具體〕事物中求其中的
道理。』[36] 當然市川的觀點，可能仍有商榷的餘地。但他的
研究指出，伊川的理氣哲學，並未發展出日後朱熹的嚴格二
分系統，則基本上是可以接受的。從這個觀點出發，我們較
能明白《遺書》卷十八伊川可以較籠統地說：

　　　　天下只有一箇理。既明此理，夫復何障？若以理爲
　　　　障，則是己與理爲二。

又云：

35　市川安司：《程伊川哲學の研究》（東京：東京大學，1964），第
　　41頁。
36　同上，第51頁。亦參同書，第5-68頁「伊川哲學研究の根本的立
　　場」章。

　　一言以蔽之，不過曰**萬理歸於一理也**。[37]

　　徐復觀在「程朱異同」一文中亦指出，程伊川是「平鋪地人文世界」，與朱熹的「貫通地人文世界」是相異的。所謂「平鋪」的人文世界，就是以一「理」『平鋪於人與物之列，爲人物所共有。站在人的立場而言，便稱爲人理；站在物的立場而言，又可稱爲物理。人理物理，總名之曰理或天理。』[38] 因而伊川基本上是不強調形上形下的相對，「理」就當下存在於事物之間。[39] 故曰『形而上者，存於灑掃應對之間。理無大小故也。』[40]

　　既然伊川的存有論並非是嚴格理氣二分的格局，我們亦能理解他爲何可以說『**事理一致**、微顯一源』了。[41] 至於「體用」之間，他亦可說『體用一源，顯微無間。』。[42] 若然是伊川認爲「事理一致」、「體用一源」，他就可以從

---

[37]　參《程氏粹言》卷一「論道篇」：『今一言以蔽之曰，萬物一理耳』。

[38]　徐復觀：「程朱異同——平鋪地人文世界與貫通地人文世界」，《中國思想史論集續編》（台北：時報，1982），第 588-593 頁。

[39]　同上，第 594-596 頁。

[40]　《粹言》卷一「論道篇」。

[41]　《遺書》卷廿五：『至顯者莫如事，至微者莫如理。而事理一致、微顯一源。古之君子所謂善學者，以其能通於此而已。』

[42]　《周易程氏傳》「易傳序」：『至微者理也，至著者象也。體用一源，顯微無間。』此是伊川寫《易傳》的基本信念。亦參徐復觀：「程朱異同」，第 602-607 頁。

「動」的角度去理解「理」。故《周易程氏傳》卷三解「恒」卦云：

> 天下之理，未有不動而能恒者也。動則終而後始，所以恒而不窮……唯隨時變易，乃常道也。[43]

故有論者以『超越的』『靜涵靜攝』模型去定論伊川對「理」的了解，就顯得有點獨斷了。其實，伊川這種認為「理」就是在當下具體事物中呈現的觀點，對我們理解他的「格物致知」工夫很重要。[44] 總而言之，朱熹「即物而窮其理」的格局，與伊川的「格物窮理致知」工夫並不完全相同。因此我們須要對伊川關於「格物致知」方面的講論作獨立的整理和消化，看出其中的獨特面貌和貢獻。[45]

(3) 伊川「格物致知」工夫的不同層次

以上檢討了學者疏解伊川「格物致知」工夫時容易犯的兩種偏差。

但在以下詳細展開對伊川「格物致知」工夫的整理和疏解之前，筆者必須簡略指出，一般對伊川「格物致知」研究的論者都普遍忽略的一點，就是不察覺伊川「格物致知」之學作為成聖的工夫，其實具有**不同的層次**，而並非**一種方法**而已。由於這些不同的格物致知層次和對象事物，我們應該

---

43 參《粹言》卷一「論道篇」：『子曰：靜中有動，動中有靜。故曰動靜一源。』又云：『子曰：動靜無端，陰陽無始。非知道者，孰能識之？』

44 詳見以下第 141-156 頁。

45 此即以下第三節（第 92-159 頁）所嘗試的探索。

用不同的方法去處理，而不必要將伊川的「格物致知」論劃一地規限、統攝於一套方法論之中。因此，若能釐清伊川不同層次、對不同事物的「格物致知」工夫，不但可以體會他「格物致知」工夫的豐富，也較容易去消解如何由「聞見之知」轉化出「德性之知」的困難（詳見下文）。

伊川在陳述具體格物窮理致知方法時，列舉出四種不同的對象事物和方向。《程氏粹言》卷一「論學篇」載：

> 或問：「學必窮理。物散萬殊，何由而盡窮其理？」
> 子曰：「誦詩、書；考古今；察物情；揆人事。反覆研究而思索之，求止於至善，蓋非一端而已也。」又問：「泛然，其何以會而通之？」子曰：「求一物而通萬殊，雖顏子不敢謂能也。夫亦積習既久，則脫然自有該貫。所以然者，萬物一理故也。」[46]

46　此段雖出自《粹言》，但對觀《遺書》卷十八云：『或問：「進修之術何先？」曰：「莫先於正心誠意。誠意在致知，『致知在格物』。格，至也，如『祖考來格』之格。凡一物上有一理，須是窮致其理。**窮理亦多端：或讀書，講明義理；或論古今人物，別其是非；或應接事物而處其當**，皆窮理也。」，或問：「格物須物物格之，還只格一物而萬理皆知？」曰：「怎生便會該通？若只格一物便通眾理，雖顏子亦不敢如此道。須是今日格一件，明日又格一件，積習既多，然後脫然自有貫通處。」』《粹言》所載該段，從論點（例：窮理之多端及具體入路。引顏子爲例破格一物而通眾理說）及結構鋪陳看，應出自伊川語。上引《粹言》該段最後謂『萬物一理』之說，亦可在《遺書》卷十五找到對觀：『**所以能窮者，**

在此，伊川明確表示，窮理格物的進路**不必**亦**不能**從單一方面入手。「不必」是因爲『萬物一理』，故『如千蹊萬徑，皆可適國』。[47]「不能」是因爲以爲『求一物而通萬殊』，則『雖顏子不敢謂能也』。

按伊川的見解，「格物窮理致知」的工夫，在實踐上可有四方面的進路。一、通過讀聖賢典籍去提昇自己的道德生命：此即所謂『誦詩、書』和『讀書，講明義理』。二、體察歷史人物的經歷以把握爲聖之道：即所謂『論古今人物，別其是非』。三、透過待人接物的生活以操練道德生命的實踐：即所謂『揆人事』和『應接事物而處其當』。四·觀天地萬物氣象而感應德性生命的義理：此即所謂『察物情』的致知工夫。

從「詮釋學」的角度看，伊川的所謂「致知」（或「理解」Verstehen），是一種「詮釋」（Auslegung）的過程。[48]

只爲萬物皆一理。至如一物一事，雖小，皆有是理。』

[47] 《遺書》卷十五。

[48] 例如：M. Heidegger, Being and Time（Oxford: Basil Blackwell, 1978），§7 'The phenomenological method of investigation'（pp. 49-63）。亦參 H.-G. Gadamer, Truth and Method（New York: Seabury Press, 1975），' Foreword to the second edition'（p.xviii），'Heidegger's temporal analytics of human existence（Dasein）has, I think, shown convincingly that understanding is not just one of the various possible behaviours of the subject, but the mode of being of There-being itself. This is the sense in which the term "hermeneutics" has been used here. It

在這廣義的詮釋觀點來說，詮釋的對象是不單只局限於用文字書寫記錄下來的「文本」（text）而已，而是涵蓋人生經驗中的一切事物。[49] 故此，我們可以看見，伊川的格物致知工夫中的對象事物，無論是聖賢典籍、歷史人物、生活應對、甚至天地萬物氣象，都可以視為詮釋的對象，讓我們運用廣義的詮釋觀點去理解和研究。

　　當然，這種將一切生命經驗的事物皆視作詮釋對象的廣義觀點，亦須要進一步仔細地按不同的「致知對象」（Gegenstand des Verstehens）而循**不同的方式**去處理。貝蒂（Emilio Betti）就提醒我們，在詮釋的過程中，要注意該詮釋對象的「自身內在律則」（'Kanon der hermeneutischen Autonomie des Objekts' 或稱為 'Kanon der Immanenz des hermeneutischen Maβstabs'）。因為不同的對象事物，具有它們獨特的內在邏輯律則和關聯方式，詮釋者不能只用單一種的外在規範去套進去。[50] 就以伊川的格物致知工夫來說，詮

---

denotes the basic being-in-motion of There-being which constitutes its finiteness and historicity, and hence includes the whole of its experience of the world.'

49　這裏所謂「廣義的詮釋觀點」是指 M. Heidegger, H.-G. Gadamer, R. Bultmann, E. Fuchs, G. Ebeling 等人所倡導的見解，將一切人類認知的經驗（event of understanding），皆視為詮釋的過程。參 R. E. Palmer, Hermeneutics（Evanston: Northwestern University Press, 1969），pp. 46-71的歸類。

50　參：E. Betti, Die Hermeneutik als allgemeine Methodik der Geisteswissenschaften (Tübingen : J. C. B. Mohr, 1962)，pp. 14-15。亦參 id.,

釋的對象有文獻典籍（texts）、有歷史情境（historical happenings）、有生活體驗（life experiences）及自然宇宙事象（natural world）等四方面不同的領域。雖然它們都可以視為詮釋經驗中的對象，也以道德生命的提昇為終極目標，但它們各自在詮釋方式上，則具有不同的哲學問題，必須分別地處理。前三項的詮釋對象（文獻典籍，歷史情境，生活體驗），可納入貝蒂所謂「有意義的形式」（sinnhaltige Formen），是人類心靈客體化（Objektivationen des Geistes）的表達式。[51] 而第四項的詮釋對象（自然宇宙事象），雖然不能視為人類心靈創造的表達式，但從伊川的「事理一致」存有論來說，天地萬物的氣象，都是具道德性的「理」的客體化表達式。從廣義詮釋立場來說，仍可納入詮釋經驗去處理。[52]

以下就分節去處理伊川「格物窮理致知」的不同層次，及其如何作為成聖工夫的哲學問題。

Allgemeine Auslegungslehre als Methodik der Geisteswissenschaften (Tübingen: J. C. B. Mohr, 1967), '§ 16 Hermeneutische Kanons: a) 'Eigenständigkeit des Objekts und Immanenz des hermeneutischen Maβstabs' (pp. 216-219)。在此書中，貝蒂就分別羅列了對文獻、歷史、翻譯、戲劇、音樂、法律、神學、心理現象等領域的不同詮釋方式和哲學問題。

51　參Betti, Hermeneutik, pp. 7-9; id., Augslegungslehre，pp. 42-46。
52　參本章「註 49」。

三、伊川「格物、致知」之現象學與本體學的詮釋

(一)通過讀聖賢典籍去提昇自己的道德生命

通常我們想及伊川所謂的「窮理」，多意指他對萬物察識的工夫。然而，在《遺書》卷十五伊川卻直言：『由**經**窮理』。顯見「讀經」在伊川的窮理工夫中，是佔有一獨特的角色。[53] 但究竟如何可以由讀經而達至窮理？就是本節所要探討的課題。

伊川所謂讀經的「經」，當然並非泛指一般文章，而自有其特定的選取。根據伊川自己的見解，讀經當以《論語》和《孟子》爲首選，因爲此二經是其他經籍的基礎和權衡標準。故曰『學者當以《論語》、《孟子》爲本。《論語》、《孟子》既治，則《六經》可不治而明矣。』（《遺書》卷廿五）[54] 另外，《大學》亦是伊川極力推崇的作品。《遺書》卷廿二上載伊川弟子唐棣初見先生時問『初學如何？』答曰：『入德之門，無如《大學》。今之學者，賴有此一篇

---

[53] 《遺書》卷一載：『正叔先生曰：「治經，實學也。『譬諸草木，區以別矣。』道之在經，大小遠近，高下精粗，森列於其中…人患居常講習空言無實者，蓋不自得也。**爲學，治經最好。**』

[54] 《遺書》卷十八云：『學者先須讀《論》、《孟》。窮得《論》、《孟》，自有個**要約處**，以此觀他經，甚省力。《論》、《孟》如**丈尺權衡**相似，以此去量度事物，自然見得長短輕重。』

書存。其他莫如《論》、《孟》。」⁵⁵ 除以上三書外，伊川亦提及《中庸》⁵⁶ 及《詩經》⁵⁷。

(1) 讀書與道德生命的提昇：所讀何書？

綜觀伊川列出四書及《詩經》作為讀經的選擇，目的非旨在要門人作純學術的研究和疏解。其重點乃在於通過讀聖賢典籍而把捉聖賢氣象，進而提昇自己的道德生命。《遺書》卷廿二上載門人以《論語》問教於伊川，伊川曰：

> 凡看文字，非只是要理會語言，要識得聖賢氣象……若讀此不見得聖賢氣象，他處也難見。學者須要理會

---

55 參《遺書》卷廿四：『修身，當學《大學》之序。《大學》，聖人之完書也。』

56 《遺書》卷十五：『嘗語學者，且先讀《論語》、《孟子》，更讀一經，然後看《春秋》。先識得箇義理，方可看《春秋》。《春秋》以何爲準？無如《中庸》。』又云：『《中庸》之書，決是傳聖人之學不雜。子思恐傳授漸失，故著此一卷書。』本節暫不將《春秋》歸入《論》、《孟》之類，而待下一節論歷史人物之窮理中才處理。蓋此亦符合伊川分別《詩》、《書》等爲『聖人之道』，而《春秋》則爲『聖人之用』（《遺書》卷廿三）。

57 《遺書》卷十八載：『問：「《詩》如何學？」曰：「只在《大序》中求。《詩》之《大序》，分明是聖人作此以教學者，後人往往不知是聖人作。」又《遺書》卷十九云：『「用之鄉人焉，用之邦國焉。」如《二南》之詩及《大雅》、《小雅》，是當時通上下皆用底詩，蓋是修身治家底事。』故可見《詩經》在伊川的理解中，亦是進德的入門。另外，對伊川而言，《易經》當然亦是最重要的窮理典籍之一，故此而爲其作傳。然而伊川關於《易》的體會和研究，筆者將留待「觀天地萬物氣象」一節詳論。

　　得聖賢氣象。[58]

所謂「聖賢氣象」，就是崇高道德生命的表現和實踐。在此，讀聖賢書、識得聖賢氣象、以及在自身生命中實踐聖賢氣質是不可分的同一回事。《遺書》卷十九載伊川曾慨歎『今人不會讀書』，因為今人無論是誦讀了《詩經》或讀了《論語》，都不見得自身道德生命起變化和改變（所謂『讀了後全無事者』）。如此讀經，於伊川而言，是未算讀過經。正確的讀經，須是：

> 未讀《詩》時，授以政不達，使四方不能專對；既讀《詩》後，便達於政，能專對四方，始是讀《詩》……須是未讀《周南》、《召南》，一似面牆；到讀了後，便不面牆，方是有驗。大抵讀書，只此便是法。如讀《論語》，舊時未讀是這箇人，及讀了後又只是這箇人，便是不曾讀也。

在這種即知即行的觀點下，[59] 對聖賢典籍的詮釋和理解，本身就是一種生命的轉化（self-transformation）的歷程。[60] 在

58　參《遺書》卷十五：『學者不學聖人則已，欲學之，須熟玩味。聖人之氣象，不可只於名上理會。如此，只是講論文字。』

59　《遺書》卷十五載伊川以『知至』就是『至之』。『知之深，則行之必至；無有知之而不能行者。』《遺書》卷十七又云：『人既能知見，豈有不能行？』

60　《遺書》卷十五載伊川論學《詩經》，必須連結起『積累涵養』的格物工夫。能『悠久差精』，就可以到達『**人則只是舊人，其見則別**』的境界。亦參《遺書》卷十八載伊川云：『某年二十時，解釋經義，與今無異，然思今日，覺得意味與少時自別。』

此，詮釋（hermeneutics）並不狹義地只視作人類認知活動的其中一種——對文本（texts）的解釋方法（Erklärung）。而是在詮釋和理解典籍的過程中，主體（詮釋者）成就了自身生命的轉化和提昇自我理解（self-understanding）的境界。這種觀點，正合符近代詮釋學者如利科（Paul Ricoeur）、伽達默（Hans-Georg Gadamer）及海德格（Martin Heidegger）等人所指出的見解。利科在「存在與詮釋學」一文中言：

> 當我提議將象徵語言〔註：symbolic language，即指文本的文字〕與自我理解（self-understanding）連結起來，我相信我是成全了詮釋學最深切的期望。一切詮釋的目的，不外是要跨越文本所屬的過往文化世界與詮釋者自身之間的隔膜和差距。藉著跨越這種差距、藉著詮釋者讓自己切入文本的時代，他就能夠體察這文本的切己意義了——本來是異於己身的變成為親切的，即是說，他將之化作他自身生命的一部分（he makes it his own）。如此，通過他致力對其他人的理解，詮釋者不斷增長對自己自身的理解。因此，一切詮釋過程，都明顯地或隱含地是一種藉著對他人的理解而達至自我的理解（Every hermeneutics is thus, explicitly or implicity, self-understanding by means of understanding others）。[61]

---

[61] P. Ricoeur, 'Existence and Hermeneutics' in The Conflict of Interpretations : Essays in Hermeneutics（Evanston : Northwestern University Press, 1974），pp. 16-17。亦參：Palmer, Hermeneutics, pp. 66-69

海德格給予這觀點在存有論方面的基礎。他認為從現象學的角度看，「人的在此存在」（Dasein）[62] 自身就具有一種詮釋的性質（Phänomenologie des Daseins ist Hermeneutik），因為「人的在此存在」的基本結構就是不斷地展開存有的意義（Aufdeckung des Sinnes des Seins）的歷程。而詮釋學──作為將存有的意義呈現展開的活動，就正提供了一切存有論探索之所以可能的條件（Bedingungender Möglichkeit）。藉著對「人的在此存在」本體的詮釋（Auslegung des Seins des Daseins），詮釋學剖開人存在情態背後的本體世界真相。[63] 因此，詮釋活動就是展開更多生命存在情態可能性的歷程，這亦必然帶來人自身生命的轉化。

當然，從道德生命的立場來說，詮釋活動只提供了生命轉化的**條件**和**機緣**。道德生命可以藉此機緣獲得提昇，也可能反而墮陷。故此，文本自身的**內涵**和**指向** 就具有決定性的角色了。而伊川強調讀書要以聖賢典籍為選取標準，理由亦是在此。蓋一篇作品既然是生命體驗客觀化了的呈現（Erlebnisausdrücke），[64] 當人將講論（discourse）記錄下來

的討論。

[62]　筆者按海德格在《存有與時間》（Sein und Zeit）之理解，將 'Dasein' 翻譯作「人的在此存在」，即在現實世界中人的存在情態。而 'Sein' 則翻譯作「存有」。

[63]　見 M. Heidegger, Sein und Zeit（Tübingen：Max Niemeyer Verlag, 1960），pp. 37-38。

[64]　在此取狄爾泰的觀點，見 Dilthey, GS, vol. 7: Aufbau, pp. 138-152,

或書之於文字時，就是將人心靈的傳遞、溝通活動客體化（objectification）和固定下來（fixation）。雖然成爲文本之後，它具有客體性和固定性，但並沒有喪失作者（或被他人記錄下來的講者）要溝通和傳遞的意義（meaningful human action）。[65] 故伊川言『看其立言如何』，便可知其人：

> 凡學者讀其言便可以知其人。若不知其人，是不知言也。（《遺書》卷廿二上）

故伊川亦強調，作文並不在於『專務章句，悅人耳目』而已。而事實上，《六經》雖爲文字，其實是『聖人攄發胸中所蘊』而『自成文章。所謂「有德者必有言」也。』（《遺書》卷十八）

(2) 對聖賢典籍的再體驗：如何讀書？

既然聖賢典籍是聖人生命體驗客體化了的呈現，詮釋和理解的方法就不應『滯心於章句之末』，[66] 而是用自己的生命去投入和再體驗（re-experience）聖人的生命體驗。《遺書》卷廿五伊川云：

> 讀書者，當觀聖人所以作經之意，與聖人所以用心，與聖人所以至聖人，而吾之所以未至者，所以未得者，句句而求之，晝誦而味之，中夜而思之，平其

199-220。

65　見 P. Ricoeur, 'The Model of the Text: Meaningful Action Considered as a Text,' Social Research 38（1971）：537-538。

66　《粹言》卷一「論學篇」。

　　心，易其氣，闕其題，則聖人之意見矣。

這是一種以生命體驗切入生命體驗的工夫。故伊川論讀聖賢
典籍時，讀者需要『子細**體認**』[67]、『將聖人之言語**切己**』
[68]。這種「切己體認」的詮釋工夫，狄爾泰稱之爲「再體驗」
（nacherleben）的歷程。[69] 他認爲關乎人文世界的作品，由
於它是源自人的內在生命體驗的呈現和表達（Ausdruck），
因此雖然是用文字語言記載，但它的指向，卻是文字所不能
言盡的體驗境界。[70] 故此，僅對文字進行分析、或抽出其中
客觀的普遍原理的認知方法，根本就不能對應和把捉原作者
自己內在生命世界的體驗。作者的生命體驗，必須以詮釋者
的生命體驗去迎對才可以獲得眞正的理解（Verstehen），而
不是依賴那種抽象的理論化過程。[71] 這就是所謂「再體驗」
的歷程和工夫。故狄爾泰說：『一切理解工夫都是一種「再
體驗」的歷程，而一切「再體驗」的歷程都以生命體驗自身

---

[67]　《遺書》卷廿三：『問：「『吾道一以貫之』，而曰『忠恕而已
　　矣』，則所謂一者，便是仁否？」曰：「固是。只這一字，須是子
　　細體認。」』

[68]　《遺書》卷廿二上：『先生曰：「凡看《語》、《孟》，且須熟玩
　　味，將聖人之言語切己，不可只作一場話說。人只看得此二書切
　　己，終身儘多也。」』

[69]　參見：Plantinga, Dilthey, pp. 87-90 的討論。

[70]　參《遺書》卷十八伊川云：『大率言語須是含蓄而有**餘意**，所謂
　　「書不盡言，言不盡意」也。』

[71]　參見：Palmer, Hermeneutics, pp. 114-115 的討論。

爲基本素材。』[72] 當伊川被門人伯溫問及『學者如何可以有
所得？』答曰：

> 當深求於《論語》，將諸弟子問處便作己問，將聖人答
> 處便作今日耳聞，自然有得。』（《遺書》卷廿二上）[73]

當然，這種「再體驗」的詮釋理解工夫，並非就等於純粹
直覺而不加反省的感受而已。[74] 這裏所強調的，是詮釋歷程中
兩個生命體驗世界——文本的原著者和詮釋者——的相遇
（encounter）。用伽達默的話說，就是兩個「視域的融攝」

---

[72] W. Dilthey, GS, vol. 4: Die Jugendgeschichte Hegels und andere
Abhandlungen zur Geschichte des deutschen Idealismus, p. 178。

[73] 伊川多次就門人問學如何可謂之有得，答之以『默識心通』一語
（見《遺書》卷十五、十七、十八），亦旨在言以體驗去理解體驗
之意。

[74] Ricoeur, 'Model of Text', Social Research 38: 561, 'As the model of
text interpretation shows, understanding has nothing to do with an
immediate grasping of a foreign psychic life or with an emotional
identification with a mental intention. Understanding is entirely
mediated by the whole of explanatory procedures which precede it and
accompany it. The counterpart of this personal appropriation is not
something which can be felt, it is the dynamic meaning released by the
explanation which we identified earlier with the reference of the text,
i.e. its power of disclosing a world.' 伊川亦強調讀書要「思」。然
「思」亦必以「作聖」爲目標。《遺書》卷廿五：『爲學之道，必本
於思，思則得之，不思則不得也。故《書》曰：「思曰睿，睿作
聖。」思所以睿，睿所以聖也。』

（fusion of horizons）。[75] 無論是文本的原著者或詮釋者，都有他自身獨有的「視域」（horizon）。但這兩個個別視域，並非是固定不變的。相反地，這種扣住生命指向的參考點是不斷地隨著體驗的接觸而在演變中的。[76] 而每一個詮釋的歷程，就是兩個視域的相遇，而『文本提供一個可能的世界（possible world）和在這世界中詮釋者可以校正自己生命的可能路向（possible way）。』[77] 伊川亦有言：『聖人之語，**因人而變化**；語雖有淺近處，即卻**無包含不盡處**。』（《遺書》卷十七）聖人通過典籍展開了一個可能的生命世界，詮釋者以自己的視域與之相遇，而帶來生命體驗的新路向和轉化。這就是讀聖賢典籍而可以提昇自己道德生命的道理。

(二)體察歷史人物經歷以把握爲聖之道

以上一節述通過讀聖賢典籍去提昇自己的道德生命，這是伊川「格物致知」工夫之可以爲成聖之道的其中一方面。

---

[75]　參：Gadamer, Truth and Method, pp. 269-274。「視域」（horizon）的定義，見下「註 76」。

[76]　同上書，第 269 頁，'The horizon is the range of vision that includes everything that can be seen from a particular vantage point. Applying this to the thinking mind, we speak of narrowness of horizon, of the possible expansion of horizon, of the opening of new horizons etc.'亦參：Cornelius A. van Peursen, 'The Horizon' in Husserl : Expositions and Appraisals, ed. F. Elliston and P. McCormick（Notre Dame: University of Notre Dame Press, 1977），pp. 182-201。

[77]　Ricoeur, 'Model of Text,' Social Research 38: 558.

本節再論以「歷史情境」爲理解對象的「格物致知」工夫。就伊川的哲學而言，就是通過體察歷史人物的經歷以把握爲聖之道。《遺書》卷廿三云：

> 夫子删《詩》、贊《易》、敘《書》，皆是**載聖人之道**，然未見聖人之用，故作《春秋》。《春秋》，聖人之用也。如曰：「知我者，其惟《春秋》乎！罪我者，其惟《春秋》乎！」便是聖人用處。

對典籍文本的理解是獲得「聖人之**道**」。而讀史，透過對具體歷史人物情境和經歷的理解，就能見「聖人之**用**」。兩者是相輔相成的，同樣都是伊川「窮理」之學的入路工夫。伊川云：『學《春秋》亦善，**一句是一事，是非便見於此**，此亦**窮理**之要。然他經豈不可以窮？但他經論其**義**，《春秋》因其**行事，是非較著**，故窮理爲要。』（《遺書》卷十五）故所謂「窮理」，就是在具體歷史**事件**中見**是非**，從而把握爲聖之道。在此牽涉兩個問題：其一是伊川對史學（Historiography）的立場和理解。其二是如何通過對歷史的解悟而成爲自身道德實踐的提昇工夫？對於伊川而言，這兩個問題是相互關連的。

(1) 讀史與道德生命的提昇

我們首先看伊川對史學的立場和理解。正如其他宋明儒學家一樣，伊川對歷史的主要興趣，並非在於史料的考據和整理，而是從道德實踐的角度去看待歷史。前者可稱爲科學的史學，其目的是一種「歷史主義」（Historicism）的傾向。大抵宋明儒都不持這種態度。引用德語的界分，宋明儒史學

的課題,並非在於史料自身的研究和整理(Historie),而是在於突出歷史事件及人物對於讀史者的意義(Geschichte)方面。《遺書》卷十八伊川曰:

> 凡讀史,不徒要記事跡,須要識治亂安危興廢存亡之理。

又云:『看史必觀治亂之由,及聖賢修己處事之美。』(《遺書》卷廿四)。對伊川來說,史學的對象雖然是過去的事件,但歷史的主角及興趣所在,始終是「人」——看歷史是觀『**聖賢**修己處事之美』;而看歷史興替,也是觀『**聖賢**所在治亂之機,**賢人**君子出處進退』,這『便是格物』(《遺書》卷十九)。

在此我們可以參考海德格(Martin Heidegger)在其著《存有與時間》(Sein und Zeit)第七十三節所論述的觀點。按照一般對「歷史」一詞的理解有四種:指已過去不再的「歷史陳跡」,指鋪陳事件變化的過去、現在至將來延續著的「時間網絡」,指人類文化活動隨著時間演變的「整體情態」,指某一特定的文化「傳統」。[78] 然而,貫串這一切不同的理解的,是歷史『都是以人作為一切事件的核心而連繫起來的。』[79] 雖然史學研究的對象是過往的器物、事件等,

---

[78] Heidegger, Sein und Zeit, pp. 378-379。

[79] 同上書,第 379 頁,'Die vier Bedeutungen haben dadurch einen Zusammenhang, daβ sie auf den Menschen als das 》Subjekt《 der Ereignisse sich beziehen.'亦參:R. G. Collingwood, The Idea of History(London : Oxford University Press, 1946),p. 212, 'All history

但它們之所以被拿出來研究，是因為它們連繫著人的存在而帶來史學研究的意義（例如：一萬年前山邊的一塊石頭，不會被放在博物館；但若該石頭有人工琢磨過的痕跡，就立刻變成歷史研究的對象。分別在於是否有「人的存在」因素）。因此，研究歷史，就是研究人實存情態的歷程（the existential analysis of historicality of Dasein）。[80] 換句話來說，人（存在）的歷程性（Geschichtlichkeit des Daseins）才是一切史學的實存根源（der existenziale Ursprung der Historie）。[81] 所謂「人的歷程性」，就是人在各種不同存在的可能性（possiblity of existence）之中的進程。因此，讀歷史的真正意義，就是透過以往「人的歷程性」（what-has-been-there historicality of Dasein）所展示出的那些真實地〔美善的〕存在的可能性（possibility of authentic existence），去醞釀出人（讀史者）當下可能真實地存在的**契機**。這樣說來，歷史就並不是只屬於過往不再的事件的組合，而是藉著人曾經存在過的情態的重現（repetition of the Dasein which has-been-there）而啟示出（enthüllen）人可以真實地存在的**契機**（authentic possibility of historicality）。[82] 用莫卡爾利

---

properly so called is the history of human affairs.'

80 'die existenziale Analyse der Geschichtlichkeit des Daseins'，見同上書，第 379，392 頁。

81 同上書，第 392-393 頁。

82 見同上書，第七十六節「歷史學在人的在此存在的歷史性中的實存根源」（Der existenziale Ursprung der Historie aus der Geschichtlichkeit

（John Macquarrie）的話說，在海德格的哲學觀點中，歷史
就是那「可重現的眞實地存在的契機」（repeatable authentic
possibility）。[83] 對伊川來說，讀史就是在於把握以往歷史中
出現過、當下讀史者仍可以再實踐的「聖人之用」。《遺
書》卷廿四云：『**看《書》，須要見**二帝、三王之**道**。如二
《典》，即求堯所以治民，舜所以事君。』這「道」，就是
爲聖之道。聖賢在過往歷史中展開了一連串眞實地存在的可
能性，史學就是讓這可能性的契機重現，讓讀史者籍著這契
機作爲其至於聖人的進路。《遺書》卷廿五載：

> 或問：「周公勳業，人不可爲也已。」曰：「不然。
> 聖人之所爲，人所當爲也。盡其所當爲，則吾之勳
> 業，亦周公之勳業也。凡人之弗能爲者，聖人弗爲。

「聖人所爲」與讀史者所爲，就人「眞實地存在的可能
性」而言，是一致的、是**跨越時間差距**的。就如海德格所
說：

> 如果歷史學本身是從〔人〕眞實〔地存在〕的歷史性
> （eigentlicher Geschichtlichkeit）所產生出來，而藉著
> 人過往存在的情態的重現而啓示出人的可能性的話，
> 那麼歷史學就已經在只發生一次的事件中呈現出其普

---

des Daseins）中的陳述及討論。參： Collingwood, Idea of History, p.
10, 'history is "for" human self-knowledge⋯ The value of history, then,
is that it teaches us what man has done and thus what man is.'

[83]　J. Macquarrie, An Existentialist Theology: A Comparison of
　　　Heidegger and Bultmann（New York: Macmillan, 1955）, p. 166.

遍性（Allgemeine）了。[84]

這就是歷史學之所以具有普遍性的地方。其普遍性，是在於歷史展露了人眞實地存在的契機，及其在往後時間中不斷重現的可能性。這普遍性將歷史的過往與歷史的現在連結起來。故『人皆可以至聖人，而君子之學必至聖人而後已。不至於聖人而後已者，皆自棄也。』（《遺書》卷廿五）在這「眞實地存在的契機」的普遍性中，不但以往的聖人與今人相通，亦可以謂『聖人無優劣。堯、舜之讓，禹之功，湯、武之征伐，伯夷之淸，柳下惠之和，伊尹之任，周公在上而道行，孔子在下而道不行，**其道一也**。』（《遺書》卷廿五）。如此說來，歷史的普遍性並不同於科學的普遍性。此普遍性（universality）並非一種**抽象**於具體事象背後的**原理**（abstract principle），而是「人眞實地存在的**契機**」在時間延續線上**的可重現性**（repeatability in time）。

(2) 對歷史的具體解悟

若然歷史的普遍性在於「人眞實地存在的契機」的可重現性，則詮釋歷史和理解歷史的核心課題，就不只在於考據和整理編制歷史事件的次序（例如「歷史主義」），或搜尋那超越而又內在於歷史延續中的形上普遍眞理（例如黑格爾

---

[84] 'Wenn die Historie, selbst eigentlicher Geschichtlichkeit entwachsend, wiederholend das dagewesene Dasein in seiner Möglichkeit enthüllt, dann hat sie auch schon im Einmaligen das 》 Allgemeine 《 offenbar gemacht.' (Sein und Zeit, p. 395)

的歷史學）[85]，而是正如布特曼（Rudolf Bultmann）所謂
「要對歷史作一種實存的相遇」（the existential encounter
with history）。[86] 就是說，詮釋歷史，並非如傳統科學般是
主、客相對的認知過程，而是詮釋者在歷史所展開的契機
中，獲得自我認識的一種實存體驗（existential self-
understanding）。[87] 伊川亦曾言：

> 伊尹之耕於有莘，傅説之築於傅巖。天下之事，非一
> 一而學之；天下之賢才，非一一而知之。**明其在己而**
> **己矣。**（《遺書》卷廿五）

故讀歷史人物事迹的意義在於『自得』[88]，得『聖人之**意**』而

85　參：J. Macquarrie, The Scope of Demythologizing（London：SCM,
　　1960），pp. 75-80。

86　見 R. Bultmann, 'Science and Existence' in New Testament and
　　Mythology [ed. S. M. Ogden]（Philadelphia：Fortress Press, 1984），
　　pp. 136-143. Id., History and Eschatology（Edinburgh：Edinburgh
　　University Press, 1975），pp. 117-122。

87　見 R. Bultmann, 'Bultmann Replies to His Critics' in Kerygma and
　　Myth: A Theological Debate, ed. H. W. Bartsch, vol. 1（London:
　　SPCK, 1960），pp. 191-196. Collingwood, Idea of History, p. 202,
　　'History is thus the self-knowledge of the living mind. For even when
　　the events which the historian studies are events that happened in the
　　distant past, the condition of their being historically known is that they
　　should "vibrate in the historian's mind".'

88　《遺書》卷十八：『問：「前世所謂隱者，或守一節，或惇一行，然
　　不知有知道否？」曰：「若知道，則不肯守一節一行也。如此等

不必只按其事『迹』去『一節一行』地倣倣。[89] 如此說來，讀
史就不單只在於在古聖賢事蹟中尋索可遵行的道德**規格**，或把
捉一**普遍之道理**。借用牟宗三的說法，「抽象的解悟」（即通
過分類、定義、分析、綜和、演繹、歸納等手續以達到其知解
活動）並不適宜於歷史性的理解和詮釋。讀史須要用「具體的
解悟」。蓋『具體者如其為一有歷史性的獨一無二的事理之事
而即獨一無二地了解其意義或作用，而不是依分類而歸納地了
解其物性之謂也。』[90] 「具體的解悟」就是：

> 吾人看歷史，須將自己放在歷史裡面，把自己個人的
> 生命與歷史生命通于一起，是在一條流裡面承續
> 著。……從實踐看歷史，是表示：歷史根本是人的實

　　人，**鮮明理**，多取古人一節事專行之。孟子曰：『服堯之服，行堯
　　之行。』古人有殺一不義，雖得天下不為，則我亦殺一不義，雖得
　　天下不為。古人有高尚隱逸，不肯就仕，則我亦高尚隱逸不仕。如
　　此等，則放倣前人所為耳，於鮮**自得**也。』

89　《遺書》卷廿五：『必井田，必封建，必肉刑，非聖人之道也。善
　　治者，放井田而行之而民不病，放封建而使之而民不勞，放肉刑而
　　用之而民不怨。故善學者，**得聖人之意而不取其迹也**。迹也者，聖
　　人因一時之利而制之也。』

90　見牟宗三：《歷史哲學》（增訂四版。台北：學生，1976）「三版
　　自序」，第 5-7 頁。其所論歷史器物須觀其歷史意義去了解（第 3，
　　5 頁），與海德格之《存有與時間》第七十三節所持之見解同。然牟
　　著所謂「具體的解悟」是在於了解歷史活動所表現之「超越的理
　　念」（第 4-6 頁），則近黑格爾的歷史哲學，與筆者以下所述之見
　　解不盡相同。

踐過程所形成的，不是在外面的一個既成物。[91]

然而，怎樣才算『將自己放在歷史裏面』去看歷史？按伊川門人所載：

> 先生始看史傳，及半，則掩卷而深思之，度其後之成敗，爲之規畫，然後復取觀焉。（《遺書》卷廿四，鄒德久錄）

> 先生每讀史到一半，便掩卷思量，料其成敗。然後卻看有不合處，又更精思。（《遺書》卷十九，楊遵道錄）

伊川這種讀史的方法，我們可稱之爲「第一身的具體解悟」。所謂「第一身」，就是不將歷史事件擺成「第三者」的活動，而是**設想**自己落在當時的歷史情境中，然後以**自身的體悟**去預料其成敗，然後再取史傳來觀其結局，對照自身所料是否相合。遇有不合處，又更進一步反省精思自己與歷史所展示出的「眞實地存在的可能性」之間的差距，從而修改自己對道德生命的認識和體驗。這正是狄爾泰所言的「再體驗」的歷程。在其著《人文研究序論》中云：

> 我們可以從自身生命的深處出發，把過往的塵跡回復生命力和氣息而達至一種理解。若然我們要從內在的和一致性的中心點去理解歷史發展的軌跡的話，我們就必須具備從一個立足點更易至另一個立足點的自我轉化情操（self-transpositon）。如此可能的一般心理條件，是將自己投入想像之中。然而，若眞要對歷史發

91　同上書，正文第 1 頁。

　　展有全面透徹的理解，就必須首先在最深度和向前推
　　展的想像中去再體驗（re-experience）出來。[92]
這種把自己溶入過往心靈中去親自體驗的讀史方式，不是知
性資料上的遞增，而是一種**自我轉化**的歷程。因爲當讀史者
如伊川所實踐般將自己投入歷史情境、然後作出預期的估計
的時候，這估計當然是發源自讀史者自身的體驗和世界觀
（Weltanschauung）。每遇有預期的估計與歷史實況不相
符，就必然帶來對自身世界觀的反饋和沖擊（即伊川所謂
『看有不合處，又更精思』）。這種『精思』其實是對自身
世界觀的一種「解構」（deconstruction）歷程—對原本自身
信念和價值取向的突破、消解、浮動和開悟。而隨著這「解
構」歷程而來的，自然是自身世界觀一定程度的「重構」
（reconstruction）。因此，藉著「第一身的具體解悟」的再
體驗，每次讀史都變成生命重構的歷程。這就是伊川之所以
能以體察歷史人物經歷去修養爲聖之道。故《遺書》卷十九
伊川云：『讀史須見聖賢所存治亂之機，賢人君子出處進
退，便是格物。』[93]

　　㈢**居敬集義──透過待人接物的生活去提昇自己的道德
　　生命**

　　伊川於《遺書》卷十八謂：『窮理亦多端：或讀書，講
明義理；或論古今人物，別其是非；或**應事接物而處其當**，

---

[92]　Dilthey, GS, vol. 1: Einleitung in die Geisteswissenschaften, p. 254.

[93]　《遺書》卷廿四：『看史必觀治亂之由，及聖賢修己處事之美。』

皆窮理也。』所謂『應事接物而處其當』，就是在日常生活
中透過待人接物的體驗，去提昇道德生命的工夫。

以上兩節論「讀聖賢典籍」及「體察歷史人物」的工
夫，皆以主體以外的他者（others，即典籍，歷史事件）爲格
物致知的對象，通過詮釋理解的歷程而成爲主體體驗的一部
份，從而達至自身生命的轉化和提昇。而本節所探討的對
象，卻是主體在日常生活的自身體驗。借用舒爾滋（Alfred
Schütz）的詞彙，是「日常生活的生命世界」（Lebenswelt
des Alltags 或 alltägliche Lebenswelt）的體會。[94] 在這日常
生活之中，主體通過待人、接物的當下直接體驗去把捉成聖
之道。於伊川而言，這是格物致知工夫中不可或缺的重要一
環。《遺書》卷十七云：

> 「致知在格物」。格物之理，不若察之於身，其得尤切。

對自身生命的體察，不單是在於義理的反思，更要在**具體的
生活場合中**去實踐和體驗（contextualized experience）。[95]
伊川曾評論謂，若學者只是理論地教導義理是不夠的，他必
須在日常生活中培養自己的道德情操，才算眞正的把握涵養
致知工夫。《遺書》卷十七伊川表達他的不滿：

---

[94] 參：A. Schütz and T. Luckmann, <u>Strukturen der Lebenswelt</u>, vol. 1
(Frankfurt: Suhrkamp, 1979), ch. 2 'Die Aufschichtung der Lebenswelt'
（pp. 47-130）。

[95] 參：C. O. Schrag, <u>Experience and Being</u>（Evanston: Northwestern
University Press, 1969），part II 'The Contextualized Experiences'（pp.
125-215）。

> 學莫大於致知，養心莫大於禮義。古人所養處多，若
> 聲音以養其耳，舞蹈以養其血脈。今人都無，只有簡
> 義理之養，人又不知求。

又云：

> 古人爲學易。自八歲入小學，十五入大學，舞勺舞
> 象，有絃歌以養其耳，舞干羽以養其氣血，有禮義以
> 養其心，又且急則佩韋，緩則佩弦，出入閭巷，耳目
> 視聽及政事之施。如是，則非僻之心無自而入。今之
> 學者，只有義理以養其心。（《遺書》卷十五）

在日常生活所體會的生命世界，不是一個單從理論構思所推
導出來的世界，而是通過我們的直接體驗、行動、抉擇和面
對面人際溝通情境所構成的「生命世界」。[96] 既然這日常生
活的生命世界是我們最基底的生命和經驗範疇，[97] 而且『君

---

[96]　參：A. Schutz and T. Luckmann, The Structures of the Life-world,
vol. 2 (Evanston: Northwestern University Press, 1989), p. 1, 'The life-
world is the quintessence of a reality that is lived, experienced, and
endured. It is, however, also a reality that is mastered by action and the
reality in which - and on which - our action falls...Everyday life is that
province of reality in which we encounter directly, as the condition of
our life, natural and social givens as pregiven realities with which we
must try to cope. We must act in the everyday life-world, if we wish to
keep ourselves alive. We experience everyday life essentially as the
province of human practice.'

[97]　此義取自胡塞爾（Edmund Husserl）在其著 Ideen zu einer reinen

子之學』是要『自微而顯，自小而章』地要在日常生活中具
體實踐出來，[98] 涵養致知的工夫就不可能只抽象地講求義
理，而必須透過在日常生活的生命世界中的操練而培養出
來。用伊川的話說，就是聖人之道，是來自『灑掃應對』等
日常生活的操練：

Phänomenologie und phänomenologischen Philosophie (1913), Die Krisis
der europäischen Wissenschaften und die transzendentale Phänomenologie
(1936) 及 Phänomenologische Psychologie (1925, 1926/27 and 1928) 三作
中論「生命世界」(Lebenswelt) 之見解。A. Gurwitsch, 'Problems of the
Life-world' in Phenomenology and Social Reality, ed. M. Natanson (The
Hague: Martinus Nijhoff, 1970), p. 35 綜合胡塞爾的見解謂：'The life-
world (Lebenswelt) ... is the world as encountered in everyday life and
given in direct and immediate experience ... independently of and prior to
scientific interpretation. At every moment of our life, we find
ourselves in the world of common everyday experience...As the universal
scene of our life, the soil, so to speak, upon which all human activities,
productions, and creations take place, the world of common experience
proves that foundation of the latter as well as of whatever might result
from them.'

[98]　《遺書》卷廿五：『能盡飲食言語之道，則可以盡去就之道；能盡
去就之道，則可以盡死生之道。飲食言語，去就死生，小大之勢一
也。故君子之學，自微而顯，自小而章。《易》曰：「閑邪存其
誠。」閑邪則誠自存，而閑其邪者，乃在於言語飲食進退與人交接
之際而已矣。』故言語飲食進退與人交接之際，是君子之道的實
踐，亦是君子之道的操練場合。

> 聖人之道，更無精粗。從洒掃應對至精義入神，通貫
> 只一理。雖洒掃應對，只看所以然者如何。（《遺書》
> 卷十五）

故曰：『至如**洒掃應對**與**盡性至命**，亦是**一統底事**，無有本
末，無有精粗，卻被後來人言性命者別作一般高遠說。』
（《遺書》卷十八）仔細一點說，所謂「應對」，是指日常
生活中與他人的溝通行動（communicative action）[99]；而「洒
掃」，則是指日常生活中對外在世界的工作實踐（praxis of
labour）[100]。以下分述這兩方面日常生活體驗之可以成爲提昇
道德生命的根據及其工夫進路。

(1) 待人之道與道德生命的提昇

伊川言日常生活中的待人之道，提及『言語』、『與人
交接之際』、『進退』及『應對』等。[101] 當然以上所舉，只
是其中一些場合。總的來說，所謂「待人之道」，是指一切在
日常生活中與他人交往的溝通行動，此可謂「應對」廣義地所
涵蓋的場合情境。舒爾滋（Alfred Schütz）稱這種交往爲「面
對面的社會交往行動」（face-to-face social interrelation）。[102]

---

[99] 此詞彙取自 J. Habermas, Theorie des kommunikativen Handelns（2
vols.）（Frankfurt : Suhrkamp, 1981）。其論點詳見下文。

[100] 此詞彙取自馬克思（Karl Marx）及馬克思主義論工作實踐之哲學涵
義。其論點詳見下文。

[101] 見上「註 98」。

[102] 見 A. Schutz, The Phenomenology of the Social World（London :
Heinemann, 1972），p. 163-176。亦參 H. R. Wagner, Phenomenology

這「面對面的場合」中的溝通行動，是一種直接（direct）和即時（immediate）的溝通經驗，溝通的雙方可以直接和即時地通過從辭行動（communicative speech act）傳遞信息和澄清意義。故此這種溝通行動在意向和動機上是互易的（reciprocal）、即時直接相互影響和更易的。相對來說，以上兩節所述，無論是對文本的詮釋或對歷史的詮釋，都是單向的（one-sided）。

然而，這種即時直接在動機和意向上互易的溝通經驗，如何能夠成為道德生命提昇的可能契機？我們可以從主體意識（consciousness）和規範性行動（norm-conformative action）兩個角度去理解。

從溝通雙方的**主體意識**的角度而言，「面對面的場合」提供了雙方都意向著對方的情態（intentionally conscious of the person confronting him），故可稱為「爾向」（thou-orientation）的意識情態。而這雙方的「爾向意識」亦同時相互地共同參與著同一個生命世界──可稱之為「我們的關係世界」（We-relationship）。在這世界中，雙方的意識流（stream of consciousness）在參與著同一個生命世界而相互交錯地共同並進。用舒爾茲的話說，就是在這「面對面的場合」溝通歷程中：

> 我必須向自己構想出，那與我〔的意識流〕並進中的

---

of Consciousness and Sociology of the Life-World（Edmonton: University of Alberta Press, 1983），pp. 116-120 對舒爾滋的詮釋。

你的意識流是怎樣的一幅圖象，才能把握你主體意識所
要表達的意義。透過這圖象，我嘗試去詮釋和構作出你
之所以要選取那些詞彙的意向（intentional Acts）。在
此，你與我可以相互地經歷這同時的、共同一起成長
的時刻（growing older together for a time）。在此，
我們可以在這〔我們的關係世界〕之內，一起生存於
對方的主體意義情境（subjective contexts of
meaning）之中。[103]

這相互交錯的溝通歷程，將兩個原本不相同的主體意識放
在一起成長，而結果就是對雙方的意向及經驗世界都帶來
一定程度的修改和更易。透過與他者意識的互交，自己的
意識經驗世界亦經歷「意向性的調整」（intentional
modification）。[104]

　　運用這社會現象學的剖析，可見「應對」作為一種「面
對面的社會交往行動」，是必然地會帶來主體生命轉化的契
機。然而，這種生命轉化的契機當然並不必然地會將生命提
昇。[105] 在伊川的哲學理解中，「應對」作為待人之道，並非
是描述性（descriptive），而是具有規範性（normative）的。

---

[103] Schutz, Social World, p. 166.

[104] 同上書，第171頁。

[105] 舒爾滋的社會現象學只提供了這種溝通歷程的剖析（description），
　　而沒有提出這歷程可以成為道德生命正面提昇的對治方針
　　（prescription）。

所謂「規範性」，就是伊川視「應對」必須具有一目的指
向，那就是要『處其當』。故曰：『應事接物而**處其當**。』
（《遺書》卷十八）所謂「當」，是指「適當、恰當」。故
待人應對之道，是以「當」爲規範目的。從社會規範說，就
是合於「禮」[106]；從內在道德生命的呈現說，就是『發而皆
中節』的「和」。蓋『禮以和爲貴，故先王之道以此爲
美。』（《遺書》卷十九）所謂「和」，就生命與生命的
「感通」：

> 「喜怒哀樂之未發謂之中。」中也者，言寂然不動者
> 也。故曰「天下之大本」。「發而皆中節謂之和。」
> **和也者，言感而遂通者也。故曰「天下之達道。」**
> （《遺書》卷廿五）

這種生命與生命的感而遂通，是一種「互爲主體性」(inter-
subjectivity)的溝通情態。[107]如前所述，溝通雙方透過對同一
生命世界的參與，將兩個原本不相同的主體意識放在一起成
長。故此，每次「面對面的場合」的應對，都可以成爲生命
感通的操練。「爾向意識」的相互交錯，一方面將自我生命
展開並涵蓋他人的生命而成一「我們的關係世界」；一方面

---

[106] 《遺書》卷十八云：『天下有多少才，只爲道不明於天下，故不得
有所成就。且古者「興於《詩》，**立於禮**，成於樂」，如今人怎生
會得？…古禮既廢，人倫不明，以至治家皆無法度，是不得立於禮
也。』

[107] 參 Schutz, Social World, pp. 97-138。

透過與他者意識的互交而帶來自我生命的調整，進而循「禮」的規範而提昇自己的道德生命。

以上是從主體意識的角度述「應對」與道德生命的提昇。現再從**規範性行動**的角度去理解「應對」對道德生命的轉化。因為面對面場合中的溝通行動，並不能單純地看作只是雙方主體意識上的交往（interrelation between subjective consciousness）而已。雙方必須透過一客觀的規範世界（objective world of norms）而共同參與地去進行，此客觀的規範世界亦即是「禮」的世界。《遺書》卷十五云：

> 「禮，孰為大？時為大」，亦須**隨時**。當隨則隨，當治則治。當其時作其事，便是能隨時。「隨時之義大矣哉！」尋常人言隨時，為且和同，只是流徇耳，不可謂和。**和則已是和於義。**

「應對」當然以「和」為主體動機，但要應對得**適當**，就要『**和於義**』。即是說，「和」的**主體動機**，要透過「禮」的**客觀規範**，才能實踐出適當的應對。故《遺書》卷十九不但言『禮以和為貴』，隨之謂『然卻有所不行者。以「知和而**和，不以禮節之」**，故亦不可行也。』哈伯馬斯（Jürgen Habermas）在其著《溝通行動理論》（Theorie des Kommunikativen Handelns）中論「規範性地受約制的溝通行動」（normatively regulated action）謂 [108]：這種溝通行動預

---

[108] 見 J. Habermas, The Theory of Communicative Action, vol. 1: Reason and the Rationalization of Society（Boston : Beacon Press, 1984），, pp.

設了主體和**兩個世界**之間的關係──共同經驗的客觀事物世界，和主體在其中扮演角色的「社會世界」（social world）。[109] 這「社會世界」就是那些既定的合法人際關係（legitimate interpersonal relations）規範的總和。溝通的雙方就透過這些規範爲准則，去表達自己內心意向、證成自己的行動、和詮釋對方的行動和意向。伊川用「禮」去代表這種規範：

> 推本而言，禮只是一箇序……纔不正便是無序，無序便乖，乖便不和。（《遺書》卷十八）

故曰『博之以文，**約之以禮**』是『聖人最切當處』（《遺書》卷十八）這種約制性的道德規範雖然是一種文化上的價值取向（culture values），[110] 但它是源自人內心求與他者感

88-90。

[109] 舒爾滋統稱之爲「我們的環境」（our environment）或「我們互爲主體的共同世界」（common intersubjective world of the We）。見 Schutz, Social World, p. 171。哈伯馬斯更仔細地分別出「客觀經驗世界」和「社會世界」。例如：「以敬茶表示尊敬」的溝通行動中，雙方要對茶這客觀事物有共通的認識（此即「客觀經驗世界」），也要對敬茶這行動的社會意義有共同的理解（此即「社會世界」）。有了這兩個世界的共通理解，敬茶這行動就可以傳遞敬意，而不會被誤解。

[110] Habermas, Communicative Action（I）, p. 89, 'In the light of cultural values the needs [Bedürfnisse] of an individual appear as plausible to other individuals standing in the same tradition. However, plausibly interpreted needs are transformed into legitimate motives of action only

通的道德意向，也是令這主觀意向實現出來的渠道。[111]

　　然而，透過「禮」這個道德規範世界的溝通行動又如何可以令自身道德生命提昇？按照哈伯馬斯的見解，「規範性的溝通行動」是連結著一種將價值取向內在化（value internalization）的歷程。因為那些具價值取向的規範（例如：孝敬尊長），會對在社會上生活的參與者構成一股「行動動機相連的壓力」（action-motivating force），令參與者在氣質上投向這些價值的取向和准則。因為在這溝通行動中的參與者，不斷地接受這些規範準則的衡量，和被釐定其行動是適切抑是偏差，而這合法性的要求就造成參與者將這些規範的價值取向內在化的動力。[112] 若「禮」作為社會規範的價

----

when the corresponding values become, for a circle of those affected, normatively binding in regulating specific problem situations. Members can then expect of one another that in corresponding situations each of them will orient his action to values normatively prescribed for all concerned.'

111　故伊川強調「禮」必須內、外相應相成，才算真正實踐出道德生命。《遺書》卷十七云：『**大凡禮，必須有意**。禮之所尊，尊其義也。失其義，陳其數，祝史之事也。』又云：『顏淵問仁，而孔子告之以禮。仁與禮果異乎？』（同上）又云：『視聽言動一於禮之謂仁，**仁之與禮非有異也**。』（《遺書》卷廿五）

112　Habermas, Communicative Action（I），p. 89. 當然，這種社會心理學的理解是屬於哈伯馬斯的。中國儒學對「禮」的體認，多是強調從內心個人修養出發，而非從社會規範層次出發去把價值內在化。然而，正如張德勝：《儒學倫理與秩序情結——中國思想的社會學

值取向是指向「聖人之道」，則這價值取向的內在化就即是道德生命的提昇。故伊川曰『學莫大於致知，**養心**莫大於**禮義**。』（《遺書》卷十七）透過「禮義」的應對（溝通行動），誠然是「養心」的歷程。

(2) 接物之道與道德生命的提昇

《遺書》卷十八謂『**洒掃**應對與**盡性至命**』是『一統底事。無有本末、無有精粗』。在此，伊川直下將「洒掃」的日常起居工作放入道德生命的範疇去理解。

對於伊川來說，道德生命不單是內外、本末一致，而且必須具體地結合在最細微的生活小節中，才算是真工夫。故《遺書》卷廿五言『君子之道，自微而顯，自小而章。』而『閑邪』『存誠』之道，『乃在於言語飲食進退與人交接之際而已矣。』又謂：

> 至顯者莫如事，至微者莫如理。而事理一致，微顯一源。古之君子所謂善學者，以其能通於此而已。（《遺書》卷廿五）

故道德生命是貫通至微之「理」與至顯之「事」。這種「事理」，乃是『一種具體之理』。而此種『實際上之成事之理，乃隨事之不斷發生，而不斷創出以具創生性者。此即事理之所以為事理之特殊之所在。』故『剋就性理對盡性之修

詮釋》（台北：巨流，1989），第 81-87 頁指出，規範內植與個人修養兩者之間是具有一辯證關係。哈伯馬斯從社會層次的角度出發，亦補足儒學從內心修養去理解「禮」的另一面。

養之事而言，畢竟是理先事後』。[113] 然而，正如王船山所論，『道與器不相離』，故『即形器明道，即事見理，即用見體』。[114] 此中，事、理之間存在著互爲因果的辯證關係。這就是人通過與外在世界的相接實踐，一方面將自身內在生命客體化而成爲具體行動（例如：由意願栽種花木而至付諸行動），一方面亦通過此具體行動與外在客觀世界之相輔相剋過程（例如：花木有其客觀定規的生長規律），反饋地對行動者的內在生命創造出轉化的條件（例如：不能疏懶灑水，不能一曝十寒）。

人的內在生命通過對外在世界的工作和實踐而獲得轉化的歷程，馬克思（Karl Marx）在其早期及哲學性的作品中提供了存有論的剖析。馬克思認爲，工作實踐不單是人類生活的其中一種活動，而是一種人自我創造和自我實現的歷程。在其《1844年巴黎手稿》中，馬克思寫：

> 人正是要通過對外在世界的改造，才開始確實地肯定自己是類的存在物（species-being，按：指人與其他生物不同的族類特質）。這生產活動是〔構成了〕他能動性的類的生活（active species-life，按：人之所以爲人的生活）。通過這種活動，自然界才表現爲他的工

---

113 見唐君毅：《中國哲學原論》（導論篇）（香港：新亞研究所，1974），第一章「原理上：『理』之六義與名理」，第二章「原理下：空理、性理、與事理」。本段引自上書第 59，60 頁。

114 見唐君毅：《中國哲學原論》（原教篇）（香港：新亞研究所，1975），第二十章論「王船山之天道論（上）」，第 515-520 頁。

作〔成果〕和〔屬於〕他的現實性。人工作的對象
（object of work）因而成為了人作為類的生活的客體
化歷程（objectification of the species-life）。因為在
〔這客觀的〕現實中，他不單在思考和心智上、更可
以在實踐上把自己重現（he duplicates himself）。從
而，在他自己所創造的世界中，他可以看見自我的形
象。[115]

馬克思所謂人的工作實踐是一種將人作為類的生活的**客體化**
的歷程，是指一種「人主體之自我的實現歷程」
（Selbstverwicklichung des Subjekts）。[116] 這種「自我實
現」的歷程，是藉著工作實踐，將人與外在世界都**相互地**產
生了**轉化**。《資本論》（卷一）有更詳盡的論述：

工作的首要意義，是人與自然界之間〔互交〕的一個歷
程。在這歷程中，人透過他自己的行動，去引發、調校
和統制人與自然界之間的互存性（metabolism between
himself and nature）。〔在工作實踐中，〕人作為一種
自然力（natural force），與自然界的物質對立，他會
推動屬於自己身體的自然力——他的臂、腿、頭和雙手

---

[115] K. Marx, 'Economic and Philosophical Manuscripts' in Karl Marx: Early
Texts [ed. D. McLellan]（Oxford : Basil Blackwell, 1979），p. 140。亦
參：E. Fromm, Marx's Concept of Man（New York: Frederick Ungar
Publishing Co., 1961），pp. 40-42。

[116] 見：K. Marx, Grundrisse der Kritik der Politischen Ökonomie（Berlin:
Dietz Verlag, 1953），p. 505。

——在適切自己需要的方式下攝取自然界的物質。透過
這些動作，他一方面作用於並改造外在的自然世界；另
一方面，他也同時藉同一歷程改造著自己的本性。他發
揮了原來潛存於本性中的潛質，使它們在他的統制下
產生出動力。[117]

從本體論的角度來說，工作實踐是人主體性的客體化
（objectification of the subject），將人的內在潛質藉具體動
作實現出來。因此，工作實踐也就是人主體的自我實現了。
藉著外在現實世界與主體的交接，主體對自然界創造出一個
新世界（即人類的文明、文化世界），同時爲自己也不斷地
創造了指向未來可以進一步自我完成的新條件和契機。[118] 從
認知過程的角度來說，人藉著工作實踐的經驗達至更眞實的

---

[117] K. Marx, Capital: A Critique of Political Economy, vol. 1
（Harmondsworth：Penguin Books, 1976），p. 283。強調號爲筆者所
加。亦參： Marx, 'Economic and Philosophical Manuscripts' in Marx
Early Texts, p. 156。

[118] 見 ： K. Marx, Grundrisse, pp. 505-508 。 Id., 'Economic and
Philosophical Manuscipts' in Marx Early Texts, pp. 140, 155-157。亦參:
C. C. Gould, Marx's Social Ontology: Individual and Community in
Marx's Theory of Social Reality (Cambridge: The MIT Press, 1980), pp.
42-43, 111-128 。 B. Ollman, Alienation: Marx's Conception of Man in
Capitalist Society (New York: Cambridge University Press, 1976), pp.
97-103 。

自我認識。[119] 因為現實生活上的知識，並非純粹思辯上的抽象認知，而是透過具體實踐使主體和客觀世界能夠互動的體驗。[120]

以上從理論層次，申明人能夠透過工作實踐而獲至自我創造和自我完成。當然，就伊川哲學的課題來說，自我完成並非廣義地涵蓋一般心智上和社會關係上的成長，[121] 而是特指內在道德生命的提昇。

然而，工作實踐帶來的自我完成，又如何連結起道德生命的操練？於伊川來說，工夫主要是落在意志的操練方面。蓋道德生命之完成，是在乎對內心**意志的把持**。《遺書》卷廿五伊川云：

> 君子莫大於正其氣，欲正其氣，莫若正其志。其志既正，則雖熱不煩，雖寒不慄，無所怒，無所喜，無所取，去就猶是，死生猶是，夫是之謂**不動心**。

這裏所描述的，是「正其志」、「不動心」所帶動的道德生

---

119 見：Marx, 'Economic amd Philosophical Manuscripts' in <u>Marx Early Texts</u>, p. 153-155。

120 馬克思對「認知」作為一種實踐的歷程（praxis），可參考N. D. Livergood, <u>Activity in Marx's Philosophy</u>（The Hague: Martinus Nijhoff, 1967），pp. 12-26。亦參：K. Marx, 'Theses on Feuerbach' in <u>Marx Early Texts</u>, pp. 156-158。

121 當然就馬克思而言，他所著重的主要是人在生產力和生產關係方面的成長。而他的重點，明顯是社會性（政治經濟學的）而非個體性的。參：Gould, <u>Marx's Social Ontology</u>, pp. 34-68。

命。因爲有了內心的把持，意志就不會落入被外在情境支配的狀態。與此「不被支配」的意志把持相反的，就是伊川所謂『心之躁者』。「心之躁者」是缺乏內在意志把持力的狀態，其結果是『不熱而煩，不寒而慄，無所惡而怒，無所悅而喜，無所取而起。』（《遺書》卷廿五）。故完成道德生命的工夫，『乃在於**持其志**』而『**無暴其氣耳**。』（《遺書》卷廿五）能如此者，就是所謂『德盛者』：

> 德盛者，物不能擾而形不能病。形不能病，以物不能擾
> 也。故善學者，臨死生而色不變，疾痛慘切而心不動。
> **由養之有素也，非一朝一夕之力也。**（《遺書》卷廿五）

上引語最末兩句指出，具內在意志把持力的「德盛者」，並非一朝一夕可成，乃在於『養之有素』。然而如何「養」？這正是工夫的問題。就工夫的次序來說，道德生命的完成在於不被物所擾（被支配）。要如此，就必須先不動心。要不動心，『須是執持其志』。[122] 從這工夫次序的兩端，指向兩個相互關連的核心性問題：一是爲何道德生命的完成在於不被物所擾？另一則是如何操練意志的把持力？

探索這兩個問題，要從意志的「自決性」（voluntary）和意志的「非自決性」（involuntary）的劃分開始。意志的活動是作出抉擇（to decide），而任何抉擇的背後，都具有某些

---

[122] 《遺書》卷十九：『問：「『有所忿懥、恐懼、憂患，心不得其正。』是要無此數者，心乃正乎？」曰：「非是謂無，只是**不以此動其心**。學者未到不動處，**須是執持其志**。」』

動機（motivation）在推動著的。[123] 然而，動機又可分爲
「自決性」與「非自決性」的兩種類別。

「非自決性的動機」是來自人身軀直接的最基本需求。
這些需求直接連繫著人的生存而產生，利科（Paul Ricoeur）
再劃分爲兩種形態：一是令人的生存得以完成（complete its
existence）所必需的（如食物、水份、性）；另一是自衛性地
對抗那些威脅其生存（threatens its existence）的需求（如自
衛的本能）。這些需求緊抓著生存的最基層價值取向
（primordial stratum of values），是身軀的天然推動力。[124]
意志在此是一種**順應**的活動。內在天然的需求（例：饑餓）
在迎對其所需的外物（例：麵飽）的不存在（the absence）
時，就產生期待獲得滿足（anticipation of pleasure）的欲望
（desire）。[125]

---

[123] 參：P. Ricoeur, Freedom and Nature: The Voluntary and the
Involuntary（Evanston : Northwestern University Press, 1966），pp. 66-
72。無動機推動的行動只是「無意識的隨意行動」（arbitrary action，
例如：不自覺的慣性小動作），不算是「意志的活動」。故「意志的
活動」必須是有意識的自覺活動。

[124] 參同上書，第 85-99 頁。

[125] 參同上書，第 99-104 頁。利科在其論特別強調「非自決性」的動機
來自人軀體的天然需求。然按心理學者馬斯勞（A. H. Maslow)的研
究，人的基本需求（basic needs）具有五個層次：(i) 生理的需求；
(ii)安全的需求；〔以上兩項的等同於利科所述的源自身軀非自決性
的動機〕；(iii) 愛與被愛的需求；(iv) 被尊重的需求；(v) 自我實現
的需求。參見：A. H. Maslow, 'A Theory of Human Motivation' in

「自決性的動機」則是主體要運用意志力量（will power）才能夠作出決定的行動歷程。意志在此是一種**逆取**的活動。意志的抉擇跟當下天然的欲望衝突（例如爲爭取社會公義而絕食抗議）。在此，意志採取一種自決的狀態（self-determination），而非由當下天然的欲望所推動。[126] 而這種通過高層次價值取向而換取（exchange）和懸空（suspend）那直接天然欲望滿足的意志活動，就正是道德生命的關鍵所在。蓋如唐君毅在《道德自我之建立》中謂：

> 什麼是眞正的道德生活？**自覺的自己支配自己，是爲道德生活。**……單純的欲望根本是盲目的。所以你爲滿足欲望而滿足欲望，不是你自覺的活動……在要求自覺的道德生活時，你是不應受任何盲目的勢力支配的……我們的結論，是一切道德行爲、道德心理之唯一共同的性質，即爲**自己超越現實的自己的限制**……道德價值與快樂價值，不僅不同，而且正相反。道德

Motivation and Personality（New York: Harper and Row, 1970），pp. 35-58。只要外在事物是迎對內在基本需求，就會同樣自然地產生期待獲得滿足的欲望。意志在此亦是**順應**的活動。例：期待獲得自己摯愛的人的關懷（上述第 [iii] 需求）；期待獲得他人稱許和讚譽（上述第 [iv] 需求）；期待自己潛能獲得實現（例如醉心繪畫者獲得機會去創作和完成他的作品）（上述第 [v] 需求）。

[126] 見：R. E. Ornstein, The Psychology of Consciousness (Harmondsworth: Penguin Books, 1972），pp. 148-152。亦參 Ricoeur, Freedom and Nature, pp. 125-134。

價值正在超越快樂價值之處表現。[127]

這正是伊川所言：『**君子**所以異於禽獸者，以有仁義之性也。**苟縱其心**而不知反，則亦**禽獸**而已。』（《遺書》卷廿五）

綜合以上所論，人心與外物相應，在乎三者之間的關係。此三者爲：人當下直接天然的**欲望**，**意志**的抉擇，和當下迎對的**事物**。就道德哲學而言，這三者之間可以有四種不同的可能關係：

(一)「迎對之事物」正能滿足「當下直接天然的欲望」——「意志」若決定**接取**，是一種**順應**的活動。此中**無須**運用意志力量。（例：饑餓者選取吃眼前的筵席）

(二)「迎對之事物」與「當下直接天然的欲望」衝突——「意志」若決定**拒絕**，也是一種**順應**的活動。此中亦**無須**運用意志力量。（例：冬日清晨渴睡者拒絕到屋外晨運）

(三)「迎對之事物」正能滿足「當下直接天然的欲望」——「意志」若決定**拒絕**，是一種**逆取**的活動。此中**必須**運用意志力量。（例：饑餓者拒絕選取吃眼前的筵席）

(四)「迎對之事物」與「當下直接天然的欲望」衝突——

127　唐君毅：《道德自我之建立》（香港：人生，1963），第 15，24，28，32，35 頁。亦參牟宗三：《道德的理想主義》（台北：學生，1978）之「理性的理想主義」章（第 13-19 頁）。

「意志」若決定**接取**，也是一種**逆取**的活動。此中亦**必須**運用意志力量。（例：多日清晨渴睡者決定起床到屋外晨運）

基本上說，上述第 (一)、(二) 種情況，並無不妥，是人天然性之所向。然而，就道德生命的完成及提昇而言，人必須具有**意志逆取的力量**，此即上述第 (三)、(四) 種情況。伊川曰：

> 口目耳鼻四支之欲，性也；然有分焉，不可謂我須要得，是有命也。仁義禮智，天道在人，賦於命有厚薄，是命也，然有性焉，可以學，故君子不謂命。（《遺書》卷十九）

蓋伊川認爲，「逐物」只是「欲」。若要成就道德生命，必須連於「天理」。這「天理」存諸人之「心」，運用處則是「意」。故「意」若要循「天理」，必須與「逐物」之「欲」分別開來。這正是伊川在《遺書》卷廿二上所言：

> 伯溫又問：「孟子言心、性、天，只是一理否？」曰：「然。自理言之謂之天，自稟受言之謂之性，自存諸人言之謂心。」又問：「凡運用處是心否？」曰：「是意也。」棟問：「意是心之發否？」曰：「有心而後有意。」……伯溫又問：「人有逐物，是心逐之否？」曰：「心則無出入矣，逐物是欲。」

既然上述第 (一)、(二) 種情況是順欲、逐物，循天理的道德工夫就落在第 (三)、(四) 種情況的操練上面。用伊川的道德哲學來說，第 (三) 項的操練就是「窒欲」的工夫，而第 (四) 項的操練就是「處物」的工夫。

所謂「操練」，就是透過重覆的實踐，使之成爲自己的一種「習性」（habit）。按利科的剖析，「習性」跟未經訓練的「非自決性」本能反應（involuntary impulsive automatism）不同（例如懂得游泳，與不懂游泳者在水中不同的撥動表現）。「習性」是由意志主動支配、受控制的純熟技巧（voluntary performed skill）。[128] 利科認爲「習性」包含三方面：我**獲得**一種新的認識（I have learned），這習性成爲我**生命的一部份**（I have acquired a habit），我有**力量**去運用出來（I can do）。操練的目的，就是要獲得這種扭轉本能反應的運作力量（a power, a capacity）。故操練純熟的習性雖然好像自然地運作出來（spontaneously perform），其實它是受意志所操縱，在意決的時間和方式將先存的內在聯繫（preexisting internal coordination）釋放出來。

要成就道德生命的工夫，意志就需要有**逆取**的力量，而這力量的運作則來自**操練**，使之成爲**習性**。

「窒欲」的操練（上述第〔三〕項的操練），在於以「禮」及「天理」的反省，成就一種更高層次的價值取向，去**換取**當下直接天然的欲望。故伊川曰：

> 然則何以窒其欲？曰思而已矣。學莫貴於思，唯思爲能窒欲。曾子之三省，窒欲之道也。（《遺書》卷廿五）

又云：

> 視聽言動，非理不爲，即是**禮**，禮即是理也。不是天

---

[128]　見 Ricoeur, Freedom and Nature, pp. 280-292。

理，便是私欲。（《遺書》卷十五）

此中伊川並非提出一種**本體論**的主張，以外物為不善
（intrinsically evil），而是提出一種**工夫操練**上的主張。因為
伊川明言「寡欲」的目的在「養心」，是一種工夫的進路，
旨在扭轉生命之「所向」。[129] 故伊川並不贊成「絕欲」，而
是將重點落在「防」、「戒」的操練上：

禮儀三百，威儀三千，非絕民之欲而強人以不能也。

所以防其欲，戒其侈，而使之入道也。（《遺書》卷廿

五）

而「處物」的操練（上述第〔四〕項的操練），就在於
以外物的客觀規範，去琢磨內心意志的自決力量。於伊川而
言，天理遍在於萬物之中，是為物之「則」。人能按物之則
而處之而不動於欲，是為「止」。能止之於物而各得其所，
就是聖人之道。這是伊川在《周易程氏傳》卷四詮釋「艮」
卦所表達的見解：

**艮止者，安止之義，止其所也。……人之所以不能安
其止者，動於欲也。欲牽於前而求其止，不可得也。**

此中對「欲」的轉化，並非在「窒欲」，而是將意向相反地
指向那些並不屬於「欲」的對象——《周易》名之為『其
背』，伊川將「背」解作『背乃背之，是**所不見也**。』「所
不見」乃是指「欲」以外的對象。故伊川曰：『止於所不

---

[129] 《遺書》卷十五：『養心莫善於寡欲，不欲則不惑。所欲不必沈
溺，只有所向便是欲。』

見，則無欲以亂其心，而止乃安。』蓋『在背，則雖至近**不見**，謂**不交於物**也。外物不接，內欲不萌，如是而止，乃得止之道，於止爲無咎也。』此是能『正**得其所**』。伊川不但提議止於欲以外之對象爲操練，亦指出「得其所」也包括「行止動靜」之「時」：

> 艮爲止。止之道，唯其時；行止動靜不以時則妄也。不失其時，則順理而合義。**在物爲理，處物爲義**。動靜合理義，不失其時也，乃其道之光明也。**君子所貴乎時**，仲尼行止久速是也。

無論是「止」、是「時」，都是按著外物的動靜快慢，去約束、琢磨自我意志，**與之相應**，這亦是操練轉化「欲」的工夫。相反來說，『若當行而止，當速而久，或過或不及，皆出其位也，況踰分非據乎？』

從上所述，可見意志通過逆取的活動，將意向指向欲以外的對象，選取與當下直接天然欲望相衝突的事物；再加上按外物的動靜快慢客觀規範去約束琢磨內心意志的自決力量，就是一種能「止其所」的應物操練。伊川結論謂：

> 夫有物必有則，父止於慈，子止於孝，君止於仁，臣止於敬。萬物庶事莫不各有其所。得其所則安，失其所則悖。聖人所以能使天下順治，非能爲物作則也，唯止之各於其所而已。[130]

130 《遺書》卷十五載伊川一段話，亦可作總結：『人多思慮不能自寧，只是做他心主不定。要作得**心主定**，惟是**止於事**…人不止於

如此看來，諸如「洒掃」等日常的起居生活，亦可以成為一種應物的操練。透過「洒」與「掃」，讓意志選取天然隋性以外的活動，又讓洒掃對象的動靜快慢客觀規範，去約束琢磨內心意志那種能「止其所」的自決力量，也正是一種操練意志能逆取而成就道德生命的工夫。故伊川曰：『聖人之道，更無精粗。從洒掃應對至精義入神，通貫只一理。**雖洒掃**應對，只看**所以然者如何**。』洒掃是日常起居的活動，但若以之作為意志逆取力量的操練，成為意志力的習性，亦是成就聖人之道的道德工夫。

其實所謂「聖人」，並非不食人間煙火而絕欲的別一等人。他們亦有如常人之共同生活場合，也有喜、怒、哀、懼、愛、欲等情感。不過所不同者，是聖人用一種**轉化了的意志**（ transformed will）逆取力量，去不受外物所役、所擾，而成就循天理的道德工夫。[131]

(3)「敬」作為涵養的工夫

既然伊川的「洒掃應對」作為道德實踐的工夫，是落在意志的意向上，問題就自然連結起他對「敬」的理解

事，只是攬他事，不能使物各付物。物各付物，則是役物。為物所役，則是**役於物。有物必有則，須是止於事。**』

[131] 參《河南程氏外書》卷十：『聖人未嘗無喜也，「象喜亦喜」；聖人未嘗無怒也，「一怒而安天下之民」；聖人未嘗無哀也，「哀此煢獨」；聖人未嘗無懼也，「臨事而懼」；聖人未嘗無愛也，「仁民而愛物」；聖人未嘗無欲也，「我欲仁，斯仁至矣」。**但中其節，則謂之和。**』

了。蓋如朱熹謂：『程先生所以有功于後學者，最是敬之一字有力。』又云：『敬者工夫之妙，聖學之成始成終者皆由此。秦漢以來，諸儒皆不識這敬字。直至程子方說得親切。』[132] 對「敬」字之體會，誠然可以總括伊川道德哲學中論涵養的工夫。而『涵養須用敬，進學則在致知』（《遺書》卷十八）一語自北宋以來，已成爲宋明儒學一貫之敎。

　　上文已詳論「致知」如何成爲提昇道德生命的工夫。然而，無論是讀聖賢典籍、讀史、日常生活中與他人交往的溝通行動、或應接外物之行止動靜，只是構成道德生命提昇的**契機**，並**不必然地**成就道德提昇的工夫。蓋人可以讀聖賢典籍而厭成聖之道，讀史而昧於眞實地存在的重現，與他人交往而更陷入自私自利及爭鬥之中，應接外物而益爲物欲所擾所役。能將這些道德生命提昇的可能契機（possibility）轉成爲道德生命提昇的**事實**（actuality），關鍵就落在一己**意志的抉擇**之中。這正是伊川的致知之敎必須配以「敬」方面的意志培養和省察。[133] 正如海德格在其《存有與時間》亦指出，「往死之存在」（das Sein zum Tode）與「良心之呼喚」（Ruf des Gewissens）雖然標誌著人能夠眞實地存在（authentic existence）的可能契機，[134] 但人面對死亡或聽聞良心的呼喚，並不是必然地成就生命更眞實的提昇，反而可

132　《朱子語類》卷十二。

133　參勞思光：《中國哲學史》（三），第 261 頁。

134　參 Heidegger, Being and Time, "Division Two", chs. I, II。

能更消沉和畏縮。海德格指出，要使這可能的契機成爲眞實地存在的事實，在於主體「意決去選取」（choosing to make this choice）。[135] 即是說，主體意志的抉擇，是令此契機成爲事實的關鍵和必要條件。

就伊川的哲學來說，上一節言「處物」作爲道德實踐的操練工夫，亦已論及意志之逆取與自決力量，在此不再覆述。而在總括的意義上，伊川則以「敬」的觀念論述涵養過程中『意志上用功之法門』。[136] 勞思光先生認爲，伊川講「敬」時，『顯然所指爲意志狀態或方向問題』，蓋『涵養即指意志上之存養工夫』。[137] 然「敬」如何成爲涵養的意志工夫？此即引入伊川以「直內」與「主一」解「敬」的論

---

[135] 見同上書，第 312-314 頁，'This must be accomplished by making up for not choosing [Nachholen einer Wahl]. But "making up" for not choosing signifies choosing to make this choice - deciding for a potentiality-for-Being, and making this decision from one's own Self. In choosing to make this choice, Dasein makes possible, first and foremost, its authentic potentiality-for-Being...To the call of conscience there corresponds a possible hearing. Our understanding of the appeal unveils itself as our wanting to have a conscience [Gewissenhabenwollen]. But in this phenomenon lies that existentiell choosing which we seek − the choosing to choose (Wählen der Wahl) a kind of Being-one's-Self which, in accordance with its existential structure, we call "resoluteness".'

[136] 勞思光：《中國哲學史》（三），第 262 頁。

[137] 同上書，第 269 頁。故《遺書》卷十八載：『問：「敬還用意否？」曰：「其始安得不用意？若不用意，卻是都無事了。」』

點。

伊川解「敬」作「直內」，當然取源自《周易·繫辭傳》中之『敬以直內，義以方外』一語。然伊川取之而加以發揮。在其《周易程氏傳》卷一解「坤」卦中云：

> 直言其正也，方言其義也。君子主敬以直其內，守義以方其外。敬立而內直，義形而外方。義形於外，非在外也。敬義既立，其德盛矣。不期大而大矣，德不孤也。

《遺書》卷十五謂「敬」『則只是內。存此，則自然天理明。學者須是將「敬以直內」涵養此意。**直內是本**。』《遺書》卷十八又云：『切要之道無如「敬以直內」。』此中可見伊川以「敬」是一種**內在自我要求的態度**。這種自己對自己的道德要求，並非來自外在形勢的要求或功利情境所需，而是一份「持己」和「執持心術」的工夫。[138] 故「直內」是一種內在純粹道德意志之自律性的把持（借用康德的說法）。[139] 正如勞思光先生所言：『「敬」即是不怠不苟之意。』[140] 可見「直內」的工夫是最基礎性、根源性的道德意志的自律和把持。這種純粹的意志自律性是**不依賴、亦先於**

---

[138] 《遺書》卷十八：『敬只是**持己**之道，義便知有是有非。』《遺書》卷廿二上：『伯溫又問：「心術最難，如何**執持**？」曰：「**敬**。」』

[139] 《遺書》卷十五謂：『率氣者在志，**養志者在直內**。』故「直內」是一種把持道德意志的工夫。

[140] 勞思光：《中國哲學史》（三），第 269 頁。

一切經驗的條件（empirical conditions），故此是一種「意志的先驗原則」（a priori principle of willing）。[141] 康德在其《實踐理性底批判》卷一第三章亦言：

> 尊敬道德法則是這唯一而又無可疑的道德動力，而此尊敬之情除基於道德法則上，是並不指向任何對象（存有）的。道德法則首先在理性底判斷中客觀地而又直接地決定這意志。[142]

故伊川認爲「敬以直內」的結果，就是『有主於內』的道德意識狀態：

> 「敬以直內」，有主於內則虛，自然無非僻之心。如是，則安得不虛？「必有事焉」，須把敬來做件事著。此道最是簡，最是易，又省工夫。爲此語，雖近似常人所論，然持之久必別。（《遺書》卷十五）

若能緊扣著「敬」的「直內」工夫，就可以成就內心

141　參 Ricoeur, Freedom and Nature, pp. 130-134之討論。

142　中譯取自牟宗三：《康德的道德哲學》（台北：學生，1982），第254頁。康德之《道德底形上學之基本原則》第一節亦言：『一善的意志之爲善，並不是因爲它所作的或所致生的而爲善，亦不是由於它的適宜於達成某種擬議的目的而爲善，而乃單是因著決意之故而爲善，那就是說，它是其自身即是善的。』（牟宗三：《道德哲學》，第16頁）勞思光：《中國哲學史》（三），第69頁亦言：『涵養即指意志上之存養工夫，乃純就內界言，不必牽往對象處；此是「敬」與「致知」之不同。』亦參楊祖漢：「程伊川的才性論」，《鵝湖》第129期（1986）：30-38。

「有主」的把持。這「有主」的內心把持，伊川名之曰『主一』。所謂「主一」，重點不在此「一」為何事物，而是**對比著心之散亂**狀態而言。能「主一」，就能夠『無二三』、『無適』。《遺書》卷十五云：

> 所謂敬者，主一之謂敬。所謂一者，無適之謂一。且欲涵泳主一之義，一則無二三矣。言敬，無如聖人之言。《易》所謂「敬以直內，義以方外」，須是直內，乃是主一之義。

蓋『人心不能不交感萬物，亦難為使之不思慮。若欲免此，**唯是心有主。**如何為主？敬而已矣。有主則**虛**，虛謂邪不能入。無主則實，實謂物來奪之……大凡人心，不可二用，用於一事，則他事更不能入者，事為之主也。事為之主，尚無思慮紛擾之患，若主於敬，又焉有此患乎？』（同上）伊川獨特地以「虛」描述「主一」，是強調「主一」是一種**無對象的凝聚狀態**。意志在道德意識上由有對象之凝聚狀態，而進昇至取消對象後（甚至對象不出現）仍然能持此凝聚的狀態，是絕對不受外物干擾之「主一」，才算是絕對的「無適」。用現象學的詞彙來說，「敬」就是一種純粹的道德意向性（moral intentionality）。於此，意志顯出其絕對自決之把持力量。心不動則外在之物不能擾、內在思慮亦不紛擾。[143]

---

[143] 《遺書》卷廿一下：『**不動心**有二：有造道而不動者，有以義制心而不動者。此義也，此不義也，義吾所當取，不義吾所當捨，此以義制心者也。義在我，由而行之，從容自中，非有所制也，此不動之

是以唐君毅理解『伊川謂主一之敬，實只是使心不散亂，不東西彼此奔馳，而凝聚在此，即常住于中⋯⋯心不定在東西彼此之物之上，而恆存此心以爲主，更不間斷，即是主一。』[144]

　　從上面所論，可見「敬」是一總括性的涵養工夫，是使格物致知所鋪陳的契機，成爲道德生命提昇的事實的關鍵和必要條件。[145]所謂「敬」的工夫，是在於內心道德意志的把持。由「直內」之道德意志自律出發，成就「主一無適」的凝聚狀態。在這種道德意志絕對自決的把持力量中，外物不能役、內心思慮不能紛擾。如此，正是聖人境界，亦是伊川道德工夫論之最終目的。故伊川言：

異。』《遺書》卷十八云：『昔呂與叔嘗問爲**思慮紛擾**，某答以但爲心無主。**若主於敬，則自然不紛擾。**』《遺書》卷廿五：『德盛者，**物不能擾**而形不能病。形不能病，以物不能擾也。』由此可見，能「主一」就能「誠」，就能「閑邪」。故伊川亦喜以「閑邪」解「敬」：『敬是**閑邪**之道。閑邪存其誠，雖是兩事，然只是一事。閑邪則誠自存矣。』（《遺書》卷十八）；又云：『閑邪存誠，閑邪則誠自存。如人有室，垣牆不修，不能防寇，寇從東來，逐之則復有自西入；逐得一人，一人復至。不如修其垣牆，則寇自不至，故卻閑邪也。』（《遺書》卷十五）故可謂：『閑邪則固一矣，然**主一則不消言閑邪**。』（《遺書》卷十五）

144　唐君毅：《中國哲學原論》（原教篇）（香港：新亞研究所，1975），第 191 頁。

145　故《遺書》卷十五伊川謂：『格物**亦須**積累涵養。』到了『悠久』、『差精』，就『人則只是舊人，其見則別。』

聖人之道，更無精粗，從洒掃應對至精義入神，通貫
只一理。』然而，『切要之道，無如「敬以直內」。
（《遺書》卷十五）

㈣ 觀天地萬物氣象而感應德性生命之義理

以上三節分論伊川「格物窮理致知」工夫在實踐上的不
同進路，涉及的認知對象有聖賢典籍、歷史人物、日常生活
中與他人的溝通行動、和日常生活中應接外物的實踐。按伊
川所言，窮理致知工夫還有『察物情』一環。所謂「察物
情」，並不同於應接外物的實踐。後者是主體與外在世界直
接交接的體驗。而「察物情」則是主體透過靜觀天地萬物氣
象，而感應自身道德生命之轉化的體會。前者是「應物」，
後者則是「觀物」。

(1) 觀物察己的本體學根據

所謂「觀物」，並非將主體與所觀之天地萬物放在一個
主、客對立的架構去觀察和研究。蓋就傳統的中國文化與中
國哲學思想而言，自然宇宙並非被視為一純粹外在、具超越
的必然律的科學研究和觀察的對象。中國人的自然宇宙，是
一個有情的、有創生性、可以與人感通的世界。方東美說：

> 中國人的宇宙不僅是機械物質活動的場合，而是普遍
> 生命流行的境界……宇宙根本是普遍生命之變化流
> 行，其中物質條件與精神現象融會貫通，而毫無隔絕。
> 因此，我們生在世界上，不難以精神寄色相，以色相染
> 精神，物質表現精神的意義，精神貫注物質的核心，
> 精神與物質合在一起，如水乳交溶，共同維持宇宙和

人類的生命。[146]

這是較概括性的描述。從分析的角度來說，自然宇宙無論如何，誠然是人主體以外之存在（externalized existence）。然對於人主體的相接形態上，卻可以有「主、客相對立」抑「非主、客相對立」的相遇（encounter）之不同。

然而如何才算是「非主、客相對立」之情意性的相遇（personal encounter）？在此我們可借用沙利文（Robert P. Scharlemann）所提議的詞彙作描述。他認爲日常用語中「主觀的」（subjective）和「客觀的」（objective）兩詞已帶有一定程度的價值判斷含意。因此他提議一對新詞彙「主體性的」（subjectival）和「客體性的」（objectival）作爲描述不同的相遇關係。凡是從有情意的主體（personal agent）出發的，就稱爲「主體性的」；凡是在相遇關係中從主體以外的存在而來的（any existence on the other side of the relation），則稱爲「客體性的」。[147] 如此，我們不單只有「主體」（subject）或「客體」（object），而且可以有「客體性的主體」（objectival subject）——例如一個與我正在對話中的人，他是「客體性的」存在，但他是一個有情意的主體；這不同於我身邊的一張桌子，它只是一「客體性的客

---

146 方東美：《中國人生哲學》（台北：黎明文化，1987），第16-17頁。

147 參：R. P. Scharlemann, Reflection and Doubt in the Thought of Paul Tillich（New Haven：Yale University Press, 1969），pp. x-xi。沙氏只提出此詞彙，本文隨後所論則爲筆者推演之見解。

體」（objectival object）。同樣地，我們亦可以有「主體性的客體」（subjectival object）——例如作爲主體思維對象的桌子的概念。它不同於客體地存在於外的那一張桌子，亦不同於那「我思」的主體（subjectival subject）。值得注意的是，這些詞彙的運用是從**關係**去定義，而非獨立地專指某一類別之存在。例如在大工廠生產線上無創意地重覆動作的勞工，雖然是人，但對於擁有此工廠的資本家而言，此勞工只有工具價值（instrumental value），跟機器中一顆隨時可被替換的螺絲釘無異。如此的關係和存在情態下，勞工在資本家的眼中亦可只被視爲「客體性的客體」。相反地，若我身邊的桌子，是我自己用心血花了數週的工夫從粗糙木頭創造出來的，則它雖然是一客體，但與我有一種特殊的生命關聯，是由我生命所出的、屬於我生命的一部分。如此，這獨特的桌子於我來說亦可視爲一「主體性的客體」。

運用以上的釐清詞彙和關係描述，我們可以更仔細地陳述在中國哲學理解中的自然宇宙觀。對伊川來說，這與人主體可以有情意性相遇的自然宇宙，是「客體性的主體」，亦是「主體性的客體」。

先說自然宇宙作爲「**客體性的主體**」（objectival subject）。此即是視自然宇宙爲**有情意、可以與之感通的對象世界**。所謂「有情意」和「可以與之感通」，是指中哲肯定自然宇宙並非一「封閉的宇宙」（closed universe）而是一「開放的宇宙」（open universe）。這自然宇宙並非終極地由一套既定的定律所規定和支配，而是一緜緜不絕、在時間中

不斷創化的歷程（becoming）。這可以說是『一套動態歷程觀的本體論』。[148] 這種動態歷程的自然宇宙觀，正是伊川所持的。他在《周易程氏傳》中解「恆」卦謂：

> 天下之程，未有不動而能恆者也。動則終而復始，所以恆而不窮。凡天地所生之物，雖山嶽之堅厚，未有不能不變者也，故恆非一定之謂也，一定則不能恆矣。唯隨時變易，乃常道也，故云利有攸往。明理之如是，懼人之泥於常也。

自然宇宙不但流衍變化，而且生生不息地具有**創生性**。伊川解「否」卦言：

> 天地交而萬物生於中……天地不交，則不生萬物……**消長闔闢，相因而不息**。泰極則復，否極則傾。無常而不變之理。（《周易程氏傳》「否」卦）

《遺書》卷十五亦言：『生生之理，自然不息……有生便有死，有始便有終。』這創生性自然宇宙觀的根本信念，是認為天地萬物之間，是具有**相互變化的有機關係**。唐君毅稱之為「視物皆有虛以涵實」的生化歷程：

> 物如何表現生之理、將生起何種事象，可隨所感通之其他物之情況，而多少有所改變。因而一物之性之本身，即包含一隨所感而**變化之性**……蓋物皆由其與他物感通之德，以見性，是一物之本性，能涵攝他物，

---

148 參見方東美：「中國形上學中之宇宙與個人」，《生生之德》（台北：黎明文化，1979），第 288-291 頁。

即**物中有虛也**。物之與他物感通，而能生起事象，依
于生生不息之理以開新，即不全受過去之習慣所機械
支配，亦不全受外力機械決定，亦無一超越之特殊形
式，以限定其所生起之事，爲某一特殊之形式之事。
皆實中有虛也。[149]

　　在這天地萬物**互動**、**互變**的歷程中，自然宇宙是一有機
的整體（organic whole），各部份依其他部份而起、而存、
而變。而人亦在其中，成爲此萬物相涵相攝的生化歷程的一
部份。故萬物之創化，與人自身生命的流轉，亦息息相關，
互動互變。伊川基於這對人與萬物互動互變歷程的信念，提
出他對《周易》「復」卦（☷☳）的獨特見解，他根據「復」
卦卦象最下面是一陽爻，及《彖辭》謂『復其見天地之心
乎』一語，而謂：

> 消長相因，天之理也。陽剛君子之道長，故利有攸
> 往。一陽復於下，乃天地生物之心也。先儒皆以靜爲
> 見天地之心，蓋不知動之端乃天地之心也。非知道
> 者，孰能識之？（《周易程氏傳》「復」卦）

伊川答蘇季明問「善觀者」是否在「靜觀」時，說得更清
楚：

> 人說「復其見天地之心」，皆以謂至靜能見天地之
> 心，非也。《復》之卦下面一畫，便是動也，安得謂

149　唐君毅：《中國文化之精神價值》（台北：正中，1973），第 66-67
頁。

之靜？自古儒者皆言靜見天地之心，唯某言動而見天
地之心。』（《遺書》卷十八）

伊川以「動觀」取「靜觀」，是強調主體在動態的生化
歷程中與天地萬物相遇，而非靜態地將「觀者」與「被觀
者」（自然宇宙）視爲主、客相對的關係。蓋從本體學的角
度而言，主體與天地萬物同源於、同屬於一宇宙性之「大存
有」（Being），故對於人作爲一主體來說，自然宇宙亦可視
爲那「**主體性的客體**」（subjectival object）。即意謂天地萬
物**並非外在的**、於主體無關的存在，而是與主體有生機的關
聯，**是主體生命的一部份**。這正是伊川言『天下只有一箇
理』的本體學。《遺書》卷十八云：

> 天下只有一箇理，既明此理，夫復何障？若以理爲
> 障，則是己與理爲二。

又云：

> 「大而化之」，只是謂理與己一。其未化者，如人操
> 尺度量物，用之尚不免有差；若至於化者，則己便是
> 尺度，尺度便是己。（《遺書》卷十五）

本體學地說，天地萬象變化只是一理的分殊表現而已。此影
響宋明儒學甚深之「理一分殊」說，見於伊川《周易程氏
傳》解「咸」卦：

> 天下之理一也，塗雖殊而其歸則同，慮雖百而其致則
> 一。雖物有萬殊，事有萬變，統之以一，則無能違
> 也。

此中之「理」，並非一抽象、超越的理，乃是必須在具體自

然宇宙的創化歷程中自我呈現之「理」。即是說，「理」與
「理之具體呈現」根本不能分開。此點在本章上文論疏解伊
川之問題時已指出，在此不再覆述。[150]「理」與「理之呈
現」不能界分的本體學，我們可以參考海德格對眞理的「實
存—本體」基礎（existential-ontological foundation）的見
解。[151] 在他一貫的作品中，海德格根據「眞理」的希臘文
‘alētheia’ 的字源，希臘哲學家巴曼尼德斯（Parmenides）
的「殘片」及亞理斯多德（Aristotle）的《形上學》
（Metaphysica）對「眞理」與「存有」的論述，強調「存有
之眞理」（Being-true）**即**「存有之呈現」（Being-
uncovering）。他說：

> 從本體學來說，若要令「存有之眞理」作爲「存有之
> 呈現」是可能的話，我們必須將此建立在「存有之在
> 世性」（Being-in-the-world）的基礎上。這「存有之
> 在世性」現象——我們已知道這是「人的在此存在」
> （Dasein）的基本情態——是眞理的源始現象的基
> 礎。[152]

這種對即「存有」即「存有之自我呈現」之理的理解，
是從**本體學**角度對伊川的自然宇宙觀的補充。反向地，從**實
存現象**的角度來說，既然自然宇宙就是理之自我呈現的創化

150　見上文，第 83-88 頁。

151　見 Heidegger, Being and Time, §43，44。

152　同上書，第 261 頁。

歷程，故每一個別事物之理，亦同樣地可以成為是通往
（open up）、揭示（disclose）「存有」的進路。[153] 伊川
云：

> 格物窮理，非是要盡窮天下之物……如千蹊萬徑，皆
> 可適國，但得一道入得便可。所以能窮者，只爲萬物
> 皆是一理。至如一物一事，雖小，皆是理。（《遺書》
> 卷十五）

天地萬物，到處都是通往天理途徑，這正是「觀物」的本體
學基礎。蓋既然人與天地萬物同源於、同屬於一宇宙性之
「存有」，「人理」與「物理」相貫通地在本體學意義上共
於一理，是故發生於天地萬物的生機創化運轉，處處皆可以
成爲觀者**自身生命**的啓迪。這正是伊川著《周易程氏傳》的
重心和信念。「易序」曰：

> 《易》之爲書，卦爻象象之義備，而天地萬物之情
> 見……散之在理，則有萬殊；統之在道，則無二
> 致……故〔知《易》者〕得之於精神之運，心術之
> 動，與天地合其德，與日月合其明，與四時合其序，
> 與鬼神合其吉凶，然後可以謂之知《易》也。

---

153 因此在海德格的後期作品中，「存有」被視爲儼然具有一種主動的啓
示性，而非被動地等待人去發現、發掘。參見其 Discourse on
Thinking（New York: Harper & Row, 1966），pp.60-68; 'The Way to
Language' in On the Way to Language (New York: Harper & Row, 1971),
p. 127; 'The Turning' in The Question Concerning Technology and Other
Essays（New York: Harper Colophon Books, 1977），p. 47。

綜觀伊川之《易傳》，一改「漢易」、甚至邵康節對《易》作數象、占卜的理解和運用，而代之以德性生命義理的詮釋。這種道德義理的詮釋方法，就是根據上文所述的兩方面相連的信念：本體學上說，在物之理與在人之道德義理貫通於一。實踐上說，既然物我一理，故觀物而察己，亦可以轉化和提昇自身的道德生命。[154]　《遺書》卷十八載：

> 問：「觀物察己，還因見物，反求諸身否？」曰：「不必如此說。**物我一理，纔明彼即曉此，合內外之道也。**語其大，至天地之高厚；語其小，至一物之所以然，學者皆當理會。」又問：「致知，先求之四端，如何？」曰：「求之性情，固是切於身。然一草一木皆有理，須是察。」

又云：『觀物理以察己，既能燭理，則無往而不識。』（《遺書》卷十八）故伊川對識《易》的見解是：『安有識得《易》後，不知退藏於密？』（《遺書》卷十五）而所謂「退藏於密」，是指『密是用之源，聖人之妙處。』（《遺書》卷十五）即是說，識得《易》的人，就能把捉聖人生命的學問。[155]

154　伊川《周易程氏傳》的詮釋方法，皆是先引述《周易》之「卦辭」、「爻辭」，略加解釋，然後將此在物之理引申至人的德性生命方面的義理。故觀物而見人生，而歸於德性生命之道。

155　《遺書》卷十九楊遵道記錄伊川解《易》之語錄數十條，皆言其引申之德性生命義理。例如：『生《易》，且要知時。凡六爻，人人有用。聖人自有聖人用，賢人自有賢人用，眾人自有眾人用，學者自有學用；君有君用，臣有臣用，無所不通。』

(2) 觀物察己的工夫

以上言觀物察己之所以可能的形上根據，而歸結於伊川的自然宇宙觀。然如何在實踐上完成觀物以察己的工夫？則是本節所探索的課題。

在伊川「格物、致知」的現象學與本體學中，我們可以看見有雙重的「循環詮釋」（hermeneutic circle）的歷程。[156]

首先是「存有」與「存有之自我呈現」之間的循環。於伊川而言，從天地萬物**本源**之理方面說，「理」並非另一抽象、靜態的存有，而是在具體事物的生機創化歷程中呈現、揭示其自己。而從**個別事物**之理方面說，既然它們自身就是本源之理的呈現，故『如千蹊萬徑，皆可適國』，一切都是開啟和通往天地萬物本源之理的進路。這正是海德格所言「存有」（Being）和「存在」（existence）之間的循環詮釋。兩者之間有相互依賴性（reciprocity），而不能分別孤立地被體察。[157] 對「存有」的體察和詮釋歷程的本身，也就是「存有」展露、揭示其自己的歷程。對「存有」的詮釋，與「存有」之自我呈現，是互為因果地成為一「開展和索源的

---

156 關於「循環詮釋」之研究與陳述，參 Heidegger, Being and Time, §32 'Understanding and Interpretation'; H.-G. Gadamer, Truth and Method （New York : Crossroad, 1989），pp. 265-307。

157 參：J. Macquarrie, 'Heidegger's Earlier and Later Work Compared' in Thinking about God （London: SCM, 1975），p. 197。

互賴性」。[158] 成中英先生稱之爲「本體詮釋學」（Onto-
hermeneutics）。[159]

　　另一組的循環詮釋，就是觀者對天地萬物的詮釋和理解
的歷程。蓋既然人作爲觀者與天地萬物是同源於、同屬於一
宇宙性之「大存有」，人理與物理之間就並非主、客對立的
兩個世界，而是有更深層的共通性和相互依賴性。因此觀物
可以察己，物我是一理。從觀者的立場說，觀物的工夫並非
在於靜攝地『窮究其超越之所以然之理』然後再『反躬』於
己，[160] 或是從客觀對象去攝取共相的過程。乃是透過與事物
變化的相遇而**感應**起內在生命的轉化。伊川用「感應」的觀
念去描述天地萬物之間的相遇，是在於強調萬物皆不外是一

---

[158] Heidegger, Being and Time, p. 28, 'In the question of the meaning of
Being there is no "circular reasoning" but rather a remarkable
"relatedness backward or forward" which what we are asking about
(Being) bears to the inquiry itself as a mode of Being of an entity. Here
what is asked about has an essential pertinence to the inquiry itself, and
this belongs to the ownmost meaning [eigensten Sinn] of the question of
Being.' 亦參同書 §32 'Understanding and Interpretation'。

[159] 見成中英：「方法概念與本體詮釋學 —— 一個方法論的新建構」，
《中國論壇》第 19 卷（1984）：49-54。亦參：T. Leung, 'The
Fang-fa（ Method） and Fang-fa-lung (Methodology) in Confucian
Philosophy'（Ph. D. dissertation, University of Hawaii, 1986），
pp.148-158。

[160] 見牟宗三：《心體與性體》（二），第 396，398，282 頁。

理之分殊呈現，故它們之間是以「對」的平衡關係存在，從而其間的互動和相互創化循環亦以**一感一應、相感相應**的情態運作。[161]　《周易程氏傳》解「咸」卦云：

> 天下之理一也。塗雖殊而其歸則同，慮雖百而其致則一。雖物有萬殊，事有萬變，統之以一，則無能違也。故貞其意，則窮天下無不感通焉⋯⋯感，動也，有感必有應。凡有動皆爲感，感則必有應，所應復爲感；感復有應，所以不已也⋯⋯君子潛心精微之義，入於神妙，所以致其用也。[162]

從「感應」的立場去理解「觀物察己」的歷程，則天地萬物之變化對觀者而言是一個「感」，在觀者的內在世界觸起一個「應」。這「應」的呈現，並非一外加於主體的認知，而是將主體固有、先存之理觸發起而呈現出來。故伊川《遺書》卷十五言：

> 「寂然不動」，萬物森然已具在；「感而遂通」，感則只是**自內感**。不是外面將一件物來感於此也。

從這感應相依、循環往復的角度，觀物是觸起人的自明（self-clarification）的歷程。由此可見，觀物致知的歷程中，「理」之根源不在外物（或超越之理），而是觀者所固有。觀物是**觸發起**內在生命之理的呈現的**契機**。《遺書》卷廿五云：

---

161 參市川安司：《程伊川哲學の研究》，第 202-215 頁。

162 《遺書》卷十五言：『天地之間，**只有一箇感與應而已**，更有甚事？』

> 「致知在格物」，非由外鑠我也，我固有之也。因物
> 有遷，迷而不知，則天理滅矣，故聖人欲格之。

又云：

> 知者吾之所固有，然不致則不能得之，而致知必有
> 道，故曰「致知在格物」。

於此，「觀物」與「明己」，就並無外與內、先與後嚴格的
對立和界分。故伊川亦一再強調：

> 沖漠無朕，萬物森然已具，未應不是先，已應不是
> 後。如百尺之木，自根本至枝葉，皆是一貫，不可道
> 上面一段事，無形無兆，卻待人旋安排引入來，教入
> 塗轍。既是塗轍，卻只是一箇塗轍。（《遺書》卷十五）

又云：

> 「寂然不動，感而遂通」，此已言人分上事。若論
> 道，則萬理皆具，更不說感與未感。（《遺書》卷十五）

海德格在《存有與時間》第卅二節論「理解與詮釋」中
就指出，「理解」並非隨便地從外界吸進一些知識，而乃是
主體先存構結（fore-structure）的開展（disclosure）和揭示
（unconcealment），是主體朝向更多可能性（being-
towards-possibilities）的自我發現歷程。[163]

---

163 Heidegger, Being and Time, pp. 188-195。參 Palmer, Hermeneutics, p.
131, 'For Heidegger, understanding is the power to grasp one's own
possibilities for being, within the context of the lifeworld in which one
exists... Understanding is conceived not as something to be possessed
but rather as a mode or constituent element of being-in-the-world... the

在這觀物與明己的循環詮釋歷程中，不但事物的變化可以觸起人內在生命固有之知的感應，相反來說，**內在生命如何亦支配著我們在觀物中看到了甚麼**。正如海德格所說，一切理解都是一項詮釋的歷程，而『一項詮釋歷程永遠不會是對在我面前的事物一項無預設的認知歷程（a presuppositionless apprehending）。』[164]伽達默進一步解釋和發揮其中的意義：一個人當他嘗試去理解一件事物的時候，其實他不可避免地已將自己內心世界投射出去。當他開始接觸這件事物的時候，他已經帶著某些特別的期待去把捉這事物對他的意義。因此他是不斷地將某些特別的意義投射在所要理解的事物之上。[165] 具體地說，一件事物呈現於觀者的面前，其本身可以具有無限的可能意義和詮釋角度。而觀者的氣質、過往經驗所構成的世界觀和價值取向，就會在大腦中形成自動的選取機能（normal selectivity of input），按照觀者先存的世界觀去過濾進入意識的素材，結果就對觀者突顯出某些特別的意義和理解。[166] 故觀者內心所充滿的，就形成了他觀物的獨特觸角，亦在所觀之事物中把捉了那些對他特別獨特的意義。就如一個人若內心充滿慾念淫思，就可以在

---

essence of understanding lies not in simply grasping one's situation but in the disclosure of concrete potentialities for being within the horizon of one's placement in the world.'

[164] Heidegger, Being and Time, pp. 191-192。

[165] 見 Gadamer, Truth and Method, p. 267。亦參 pp. 291-300。

[166] 參見 R. E. Ornstein, The Psychology of Consciousness，pp. 150-151。

周遭事物世界中到處都看到性的象徵。若一個觀者內心充滿
道德生命的敏銳，則在天地萬物中到處都可以發現道德生命
的啟迪。這正是伊川於《遺書》卷十五所言：

> 有人旁邊作事，己不見，而只聞人說善言者，爲敬其
> 心也，故視而不見，聽而不聞，主於一也。主於內則
> 外不入，敬便心虛故也。……敬其心，乃至不接視
> 聽，此學者之事也。始學，豈可不自此去？至聖人，
> 則自是「從心所欲不踰矩」。

在此，所見所聞皆有一過濾性，在乎主體之心的所向。具敬
之心靈，則見善聞善。伊川論及高宗夢見傅說，謂：『高宗
只是**思得賢人**，如有賢人，自然**應他感**……譬如懸鏡於此，
有物必照，非鏡往照物，亦非物來入鏡也。大抵**人心虛明，
善則必先知，不善必先知之**。有所感必有所應，自然之理
也。』（《遺書》卷十八）人心所**思**與其所**見**，是相互連繫
的。故人心虛明，觀善亦特別敏銳。《遺書》卷十八另有一
段記伊川論張旭學草書，則表達他深信觀物的工夫是在乎內
心所思：

> 問：「張旭學草書，見擔夫與公主爭道，及公孫大娘
> 舞劍，而後悟筆法，莫是心常思念至此而感發否？」
> 曰：「然。須是思方有感悟處，若不思，怎生得如
> 此？然可惜張旭留心於書，若移此心於道，何所不
> 至？

這段話表示伊川相信，悟道與悟書法皆在於『心常思念』的
工夫，內心所充滿的思念，成爲對外界事物的敏銳意向。故

只是觀天地萬物之生機變化，就可以感悟內心道德生命的轉化。這就是觀物察己而能夠不斷提昇自我道德生命的工夫。故《遺書》十五謂：『若**致中和**〔按：成就內心的工夫〕，則是達天理，便見得天尊地卑、萬物化育之道。只是致知也。』

(3) 再論「聞見之知」與「德性之知」

總結以上所論，我們可見伊川之「格物**窮理**致知」工夫，並非是單純的一套方法論，而是具有就「讀聖賢典籍」、「體察歷史人物經歷」、「日常生活中與人溝通」、「日常生活中應物的操練」和「觀天地萬物氣象」等不同對象事物所展開的不同方式的道德生命提昇之道和工夫。

有了這些不同層次的探索和理解，我們就可以重回本章起始時所提出如何由「聞見之知」轉化出「德性之知」的疑難。[167] 余英時先生謂：

> 「聞見之知」（或「見聞之知」）的觀念是相對於「德性之知」而成立的。把知分爲「德性」與「聞見」兩類是宋代儒家的新貢獻。大略地説，這一劃分始於張載，定於程頤，盛於王陽明，而泯於明清之際。[168]

可見「聞見之知」與「德性之知」之間關係的探討，是有其

167　參本章第 78-79 頁。

168　余英時：《中國哲學辭典大全》（台北：水牛，1983）〔韋政通主編〕，第 711 頁，見「聞見之知與德性之知」條。

複雜性，亦連結起許多知識論和道德哲學的歷史過程。此問
題至今仍有不少學者提出其見解。[169] 筆者在此並非旨在詳論
各家之見解，乃是就本章所論的線索，作一進解。

　　上文曾謂，問題之結晶，是在於此兩種「知」之間的延
續和界分的矛盾。蓋就伊川所言，「聞見之知」與「德性之
知」兩者並不相同，這是不諍的事實——『聞見之知，**非**德性
之知……德性之知，**不假**見聞。』（《遺書》卷廿五）然
而，就伊川格物致知的工夫來說，所「致」之「知」，顯然
是具有德性的意義。如此，問題就落在如何連繫這兩種
「知」的探索上。蓋伊川所謂的「致知」，其起始點肯定具
有「聞見」的成份在內，但結果卻是「德性」的。

　　杜維明先生認為要展示這兩者之間的『辯證關係』應該
通過兩個步驟：

---

[169] 除上引余英時外，對此問題有較深入探討和提出見解的近代學者包
　　括唐君毅：《中國哲學原論》（導論篇）（香港：新亞研究所，
　　1974），第 330-347 頁；牟宗三：《心體與性體》（二），第391-
　　398頁；《心體與性體》（第一冊）（台北：正中，1968），第
　　543-546 頁；並《從陸象山到劉蕺山》（台北：學生，1979），第
　　245-265 頁；馮耀明；《"致知"概念之分析》；戴璉璋：「德性之知
　　與見聞之知」，《牟宗三先生的哲學與著作》，第 681-708 頁；杜
　　維明：「論儒家的＂體知＂——德性之知的涵義」，《儒家倫理研
　　討會論文集》〔劉述先編〕（新加坡：東亞哲學研究所，1987），
　　第 98-111 頁；嚴健明：「見聞之知和德性之知」，《中國哲學史研
　　究》第 24 期（1986）：92-95。

> (一)把德性之知和一般聞見之知區分開來以突出德性之
> 知的特殊意義；(二)把一般聞見之知和德性之知統合起
> 來，讓聞見之知在德性之知首出的前提下獲得適當的
> 位置。[170]

如上所述，第一個步驟在當代學者的論點中並無大分歧和困
難。引用杜先生的說法：『聞見之知是通過感官而獲得的有
關外界自然、人物、事件的資料、消息或知識；德性之知則
是從事道德實踐必備的自我意識。聞見之知是經驗知識而德
性之知是一種體驗，一種體知，不能離開經驗也不等同於經
驗知識。』[171] 然而，所謂『不能離開』在具體意義上是怎樣
的一回事？這就涉及第二個步驟的問題，也是學者爭議最多
的問題。筆者僅就上文對伊川的哲學的詮釋作一進解。

在伊川的不同格物層次和進路中，我們可以看見，一切
致知工夫的**起始點**皆屬「聞見之知」──讀聖賢典籍、歷史人
物的體察、日常生活中與人的溝通、日常生活中應接事物、
和觀天地萬物氣象。然而，這些各不相同的格物窮理致知的
終點，卻皆歸結為「德性之知」──道德生命的提昇。上文我
們藉著詮釋學的理解，看見每一項（屬「聞見之知」）不同
的進路，卻皆提供了道德生命轉化的**契機**。主體可藉此契機
付上**工夫實踐操練的歷程**，而成就道德生命的提昇。故一方
面來說，「聞見之知」的起始點**皆可以**引至「德性之知」的

---

170 杜維明：「論儒家的“體知”」，第 102 頁。
171 同上文，第 101 頁。

體會。但另一方面說，具同樣的「聞見之知」**並不必然**地引至「德性之知」的體會。其間的關鍵在一工夫實踐操練的過程。沒有工夫實踐，契機仍舊是契機，卻不成就德性生命。「聞見之知」仍歸「聞見之知」。但若就此契機去實踐和操練，則「聞見之知」便會成就道德生命的提昇，轉化出「德性之知」的體會。故伊川在《遺書》卷十五謂：『聞之知之』，惟『得之』才『有之』。所謂『得』，就是『得之於**心，謂之有德**』。故可見「工夫論」實在是連繫起「聞見之知」與「德性之知」的關鍵所在。從這理解來看，伊川言『聞見之知，非德性之知』是正確的。蓋「德性之知」絕**不就等於**「聞見之知」。然而，正如上文所論，透過工夫實踐，兩種的「知」亦可會通。蓋如伊川自己指出，『所聞者所見者**外**也』，而「德性之學」是『使人求於**內**也』（見《遺書》卷廿五）。此一內一外之「知」，誠然並不相等，但透過實踐工夫，卻可相通。

　　本章透過哲學詮釋學的進路，對伊川論「格物窮理致知」的工夫作釐清及深入探討，解開如何透過格物窮理而成就道德生命的提昇在義理上的疑難，而歸結於對歷代論「聞見之知」與「德性之知」之間的紛擾作一進解。

第四章　視域與觀照： 二程工夫論之會通

　　本書第二、三章分述明道及伊川在道德工夫論方面的要旨。其中可見二程在修養工夫的進路和重點上，都有不同之處。綜合地說，明道的工夫論是從**境界**入，重點是**簡約**原則和極度簡單化的生命情調。而伊川的工夫論是從**致知**和**涵養**入，重點是**積集**原則和『千蹊萬徑皆可適國』的生命情調。程兆熊比較地描述兩者時說：

> 程明道是把道融化於一己的生命之中，而程伊川則是把自己的生命客觀化於道之內。……把道融化於一己生命之中，讓肉身成道，和把一己生命客觀化於道之內，讓道成肉身，其間大可供人思量之處，實是千載難言，萬古難說。[1]

順著程兆熊的見解來說，明道著重自我的超越（self-transcendence），將一己之生命層層提昇，跨越生命的有限性和分別相的限制，到達圓頓的觀照境界。而伊川則著重自我的完成（self-realization），透過對生活各方面的詮釋經驗，

---

[1]　程兆熊：《大地人物──理學人物之生活的體認》，收入《完人的生活與風姿》（台北：大森，1978），第 60-61 頁。

涵養存誠地將一己的道德生命實現和實踐出來。這兩種道德
生命的操練，雖然方向不盡相同，原無必要對立和互相排
斥，而且更可以融會貫通地鋪陳出更全面的成聖之道。

一、對二程同異的不同立場

直至現今的二程學研究中，論者於兄弟兩人之相同或差
異上，皆似乎過分落入某一方片面的立場之中。

第一種立場是，有論者過分籠統地只將二程放入同一套
的哲學體系之中。在討論的過程中，甚至不分別出明道和伊
川來處理。[2] 當然其中的原因可能是由於《二程全書》中頭十
卷《遺書》及《程氏粹言》未有清楚標明出自誰語。但此曖
昧性並不足以構成學術上不將二程思想界分的根據。

第二種立場是，不少論者都察覺二程在思想上的不同，
但他們只是將程明道與程伊川分作兩個似乎毫不相干的哲學

---

[2] 這種傾向以中國大陸近年出版的著作為甚。例如張立文：《宋明理學
研究》（北京：中國人民大學，1985），第 259-374 頁；侯外廬等
編：《宋明理學史》（上卷）（北京：人民，1984），第 127-180
頁；劉象彬：《二程理學基本範疇研究》（河南：河南大學，
1987）；賈順先：《宋明理學新探》（成都：四川人民，1987），第
65-96 頁；徐遠和：《洛學源流》（濟南：齊魯，1987），第 46-190
頁；潘富恩、徐餘慶：《程顥程頤理學思想研究》（上海：復旦大
學，1988）。大陸以外的作者，則有李日章：《程顥·程頤》（台
北：東大，1986）。

家來處理。[3] 其實二程之哲學雖有不同，但正如韋政通先生言：『他們相同的思想實在太多了，當時的弟子也無從分辨，所以《遺書》裏前十卷大半都只籠統地標著「二先生語」。』[4]

第三種立場是，另有一些論者，在分別討論二程思想之後，更附以比較，指出兩者之差異處。這是比較深入一步的哲學工夫。[5] 然而，平行對比而指出其異同，只是初步的比較

---

[3] 例如羅光：《中國哲學思想史》（三）（台北：先知，1976），第275-404頁；日本學者則包括有狩野直喜：《中國哲學史》（東京：岩波，1953），第374-388頁；《楠木正繼先生中國哲學研究》中之「二程子論」及「續二程子論」（東京：國士館大學附屬圖書館，1975），第237-306頁；山本命：《宋時代儒家の倫理學的研究》（東京：理想社，1973），第177-260，385-504頁；森三樹三郎：《中國思想史（下）》（東京：第三文明社，1978），第336-345頁。

[4] 韋政通：《中國思想史》（下冊）（台北：大林，1980），第1120頁。

[5] 例如馮友蘭：《中國哲學史》（上海：商務，1935），第868-894頁；張永儁：《二程學管見》（台北：東大，1988）；管道中：《二程研究》（上海：中華書局，1937）；A. C. Graham, Two Chinese Philosophers: Ch'êng Ming-tao and Ch'êng Yi-ch'uan（London: Lund Humphries, 1958）；韋政通：《中國思想史》（下），第1113-1150頁；孫振青：《宋明道學》（台北：千華，1986），第258-259頁；A. Forke, Geschichte der neueren chinesischen Philosophie（Hamburgh: de Gruyter & Co., 1938），p. 72。

哲學工夫，並未能在明道及伊川的哲思之間進行會通和對話。

第四種立場是，自六〇年代末牟宗三於其《心體與性體》（三冊）將宋明儒學分爲三系，[6] 以北宋前三家（周濂溪、張橫渠、程明道）爲一組不分系，是由《中庸》《易傳》之「道德的形上學」歸於《論語》《孟子》的心性之學。然後，義理至程伊川，就有一明顯的轉向與歧出，『主觀地說是靜涵靜攝之系統，客觀地說是本體論的存有之系統，總之是橫攝系統。』[7] 至南宋儒學，就分成三系：其一是胡五峰承繼北宋前三家至程明道，以心形著性，下開明代劉蕺山的誠意慎獨之學。其二是陸象山直接承繼孟子，以逆覺體證的工夫言「心即理」，下開明代王陽明致良知之心學。以上二系皆直下以逆覺體證工夫，從一心之朗現入手。可統稱之爲「縱貫系統」。其三則是朱子承繼程伊川之「橫攝系統」，落入後天支離的致知涵養工夫，結果是他律道德的漸教。牟宗三的分系，顯然將程明道與程伊川的哲思對立起來。前者屬於「縱貫系統」，而後者屬於「橫攝系統」。進而，既然牟著判了朱子是「繼別爲宗」，而其「歧出」與「支離」乃溯源自程伊川之「轉向」，當然對伊川有貶抑之意。而於程明道，則極推崇其在道德生命之客觀面及主觀面

---

6 見牟宗三：《心體與性體》(一)（台北：正中，1968），第 42-60 頁。

7 同上書，第 45 頁。

方面『皆飽滿』而『無遺憾』。因此牟宗三認爲程明道乃
『眞相應先秦儒家之呼應而**直下通而爲一之者**』，故『明道
之「一本」義乃是**圓教之模型**』。[8] 牟宗三如此地將程明道與
程伊川安放入兩個不同的系統，和極力推崇明道而貶抑伊川
的哲學觀點，是有其獨特的創見，亦於二程學中打開一新局
面。此論一出，不少學者就沿這路線、緊守這觀點去評論二
程兄弟，視之爲一種定論。[9] 本書於以上兩章論述之中，已就
不同的問題對此立場提出了探究，在此不再覆述。總括來
說，筆者認爲程氏兄弟二人於道德生命之義理和體驗上，皆
有其重要的貢獻，不必過分褒貶一方。將明道及伊川分判入
兩個道德哲學的系統中，容易將兩者對立和極化起來，阻截
了他們之間在道德義理和體驗上的對話和會通。

筆者所採取的立場，是把程明道及程伊川在道德工夫方
面的見解作深入的探究之後，嘗試將他們不同的獨特體會放
在一起，建構出更全面和完整的成聖之道。當然，嘗試將二
程思想視作相輔相成的見解，並非筆者首倡。[10] 然而，過往

8　同上書，第 44 頁。

9　例如蔡仁厚：《宋明理學》（北宋篇）（台北：學生，1977），第
219-447 頁；張德麟：《程明道思想研究》（台北：學生，1986）。

10　例如程兆熊：《大地人物》，第 45-68 頁及董金裕：《宋儒風範》（台
北：東大，1979），第 37-46 頁，皆著重從二程子之性格和氣質方面顯
示二人之相反相成，未有緊扣著他們思想中的哲學問題去探討。唐君
毅：《中國哲學原論》（原教篇）（香港：新亞研究所，1975），第
197-210 頁則指出伊川及明道在喜怒哀樂之未發及已發上有無工夫的

論者皆融會得較爲籠統，亦未直接專就道德工夫論之義理問題去會通。故筆者以此爲題，在本章餘下篇幅中略作探索，作爲全書之總結。

二、二程所鋪陳的成聖之道

(一) 從二程生平經歷看二人之學術關係

從二程的生平經歷來看他們之間的學術關係，兄弟二人自有其不同之學思發展時期。蓋伊川比明道小一歲，明道之仕途較順，[11] 而伊川則對仕途無大興趣。[12] 惟二人學術思考

問題，這是他們之間工夫論的核心問題。唐君毅可以說是一語中的,他的討論亦極爲重要及有貢獻。然而他的重點未有放在明道及伊川兩人在這問題上的相互補足方面，而只是指出其如何引入朱子參究中和的契機。楊祖漢：「程伊川的才性論」，《鵝湖》第 129 期（1986）：第 30-38 頁，指出明道及伊川在氣裏才性方面共通的見解，然後進而引入氣質可否有轉化的問題。最後歸結於康德論意志抉擇的討論。楊先生在此問題上處理得很仔細，但沒有牽涉二程全面的工夫論問題。

11 程明道自二十六歲（1058 年）開始出任地方官，至三十八歲（1069 年）出任中央官職（太子中允，權監察御史裏行），可惜僅九個月就因反對王安石變法而被罷。一年後再出任地方官，至五十四歲（1085 年）去世爲止。

12 程伊川直至其兄去世之前，並無正式出任官職。明道去世一年，五十四歲（1086 年），以布衣身分受皇詔，出任中央官（崇政殿說書），但亦只一年零八個月，因與蘇軾不合而遭彈劾被貶。此後伊川更無意仕途，一再推辭不肯出任官職，專心講學授徒。六十七歲（1099 年）完成《周易程氏傳》，以後再無成書。七十五歲（1107 年）病歿於家。

最精進的階段，皆於被貶罷官之時。明道三十九歲（1070年）時由任職中央的「權監察御史裏行」被貶爲「簽書鎮寧軍節度判官」，四十二歲（1073 年）歸洛陽專心講學授徒。[13] 其後雖然再出任地方官，但主要的活動，仍是與弟伊川在洛陽向士大夫傳授學問，而成「洛學」。《遺書》附錄「門人朋友敘述」載：

> 先生〔明道〕以親老，求爲閒官，居洛陽殆十餘年，與弟伊川先生講學於家，化行鄉黨。（按范祖禹所記）
>
> 明道居洛幾十年，玩心於道德性命之際……洛實別都，乃士人之區藪……學士皆宗師之，講道勸義；行李之往來過洛者，苟知名有識，必造其門，虛而往，實而歸，莫不心醉斂衽而誠服。於是先生身益退，位益卑，而名益高於天下。（按朱光庭所記）

由明道歸居洛陽至去世之間，超過十年的時間，二程兄弟共倡「洛學」。在此期間，兄弟二人在學理見解上，並無證據表示他們之間有顯著的差異。蓋此期間明道作爲兄長，於講學授徒始終居於領導地位。[14] 加以伊川對其兄之學又推崇備

---

[13] 《遺書》附錄「門人朋友敘述」中載劉立之記：『太中公〔二程之父程珦〕得請領崇福，先生求折資監當以便養。**歸洛**，從容親庭，**日以讀書勸學爲事**。先生經術通明，義理精微，樂告不倦。**士大夫從之講學者**，**日夕盈門**，虛往實歸，人得所欲。』

[14] 按姚名達：《程伊川年譜》（上海：商務，1936），第 71-148 頁的考據，此其間有記載之伊川語錄甚少。門人如謝上蔡、呂大臨、楊龜山、劉質夫等，皆記明道語爲主。

至，[15] 故《遺書》前十卷爲弟子記「二先生語」，大部分內容未有分別出是誰人的見解、語錄。可見弟子們亦沒有看出他們之間在思想上有分歧。[16]

明道去世後一年（1080 年），伊川出任「崇政殿說書」一年零八個月。既身爲訓導年幼皇帝宋哲宗之高職，伊川始充份發揮其個人之見解。朱熹「伊川先生年譜」中謂伊川既貴爲皇帝侍講，

> 一時人士歸其門者甚盛，而先生亦以天下自任，論議褒貶，無所顧避。（《遺書》附錄）

自此以後的二十年，伊川確定並開展出其本人的哲學見解。[17] 而《遺書》卷十五至廿五所載之語錄，亦突顯出自明道去世

---

15 參見伊川爲其兄所寫之「明道先生行狀」，其中云明道之學『明於庶物，察於人倫。知盡性至命，必本於孝悌；窮神知化，由通於禮樂。辨異端似是之非，開百代未明之惑，秦、漢而下，未有臻斯理也。』（《河南程氏文集》卷十一「伊川先生文七」）

16 牟宗三：《心體與性體》（二）（台北：正中，1975），第五頁：『凡屬二先生語者吾人可視爲二程初期講學之所發。此期以明道爲主。伊川歲數雖與明道相差不遠（只差一歲），然明道究屬兄長，固當以明道爲主。』Y. C. Ts'ai, 'The Philosophy of Ch'eng I: A Selection of Texts from the Complete Works Edited and Translated with Introduction and Notes' (Ph. D. dissertation, Columbia University, 1950), p. 10 亦持同樣見解。

17 Ts'ai, 'Philosophy of Ch'eng I,' p. 12 謂程明道死後，伊川 'crystallized into something definitely his own.'

後伊川在哲學上之發展。[18] 其中包括揭示『涵養須用敬，進學則在致知』（《遺書》卷十八）之敎，及後期他對「已發、未發」之工夫問題的體會。[19]

(二) 程伊川的轉向

(1) 伊川貫通「未發」與「已發」之工夫見解

伊川對喜怒哀樂之「未發」與「已發」的工夫問題，可以顯出他在工夫論上打開與明道不同的體驗方向。

論者對伊川於《與呂大臨論中書》（《文集》卷九）與《遺書》卷十八載答蘇季明問「中和」的問題和見解，頗有微言。[20] 誠如牟宗三指出，伊川在此幾段文字中有用語上的

---

[18] 李日章：《程顥‧程頤》（台北：東大，1986），第55頁認爲「伊川先生語」首卷（《遺書》卷十五）爲「入關語錄」，『是伊川於元豐與元祐年間入關與關中學者論學之記錄。』其餘各卷『所記都爲元祐元年（1086）以後之事。』牟宗三：《心體與性體》（二），第 5 頁言：『伊川獨立發皇之時當在其爲侍講以後。凡確定爲伊川語者，《遺書》第十五以下，始眞代表伊川之生命與思路。』

[19] 按姚名達：《程伊川年譜》，第 166-171 頁考據，伊川「與呂大臨論中書」（《河南程氏文集》卷九「伊川先生文五」）應寫於伊川五十四歲（1086 年）。伊川答蘇季明問喜怒哀樂「未發、已發」之工夫問題，亦記於《遺書》卷十八，爲劉元承所記，注明大概屬於元祐五年（1090 年，伊川五十八歲）至紹聖四年（1097 年，伊川六十五歲）之間，當屬伊川後期發展出來的思想無疑。

[20] 例如牟宗三：《心體與性體》（二），第 350-382 頁；唐君毅：《中國哲學原論》（原敎篇），第 197-201 頁；王煜：《儒家的中和觀》（香港：龍門，1967），第51-61頁。

自相矛盾及迴避問題的表現，[21] 但伊川的重點是『以實然的觀點看心』則非常明顯。[22] 在《與呂大臨論中書》中伊川迫出一句『凡言心者皆指**已發**而言』，雖後來亦承認『**未當**』，但已充分顯示伊川所關注的，是喜怒哀樂**已發的心的活動狀態**。此種關注的重點，正顯示出伊川已從其兄明道一直著意於境界性描述的哲學性格中有所脫出和轉向，轉向問「如何可能」的實踐工夫問題。

關於心在已發狀態的活動中如何成就道德生命提昇的工夫，上一章論伊川的「格物致知」已有詳細剖析，不再覆述。在此，我們所面對的問題，是伊川認為「喜怒哀樂未發」之際是否有工夫可循？又，此未發的工夫與已發的工夫是否有關聯？

首先，從回答蘇季明的說話來看，伊川肯定喜怒哀樂未**發**之前是**有**工夫可言的。當蘇季明問：『呂學士言：「**當求於喜怒哀樂未發之前。」……如之何而可？**』伊川答曰『看此語如何地下。若言**存養**於喜怒哀樂未發之時，則**可**；若言**求中**於喜怒哀樂未發之前，則**不可**。』我們暫時撇開伊川對「求中於」一詞具有局限性的理解（而因此謂不能用）不論，他顯然認為「未發之前」是可以有工夫的，他稱之為「存養」。隨之的對話就更清楚直接了：

---

[21] 見牟宗三：《心體與性體》（二），第 352，357，360，379-380 頁。

[22] 同上，第 357，361-362 頁。

> 又問：「學者於喜怒哀樂發時固當勉強裁抑，於未發
> 之前當如何用功？」曰：「於喜怒哀樂未發之前，更
> 怎生求？只平日涵養便是。涵養久，則喜怒哀樂自中
> 節。」

伊川不准用「**求**中」，是因為他認為喜怒哀樂之未發狀態是
「寂然不動」，[23] 而「求」的本身亦是一種「動」，就不可
能在「未發」的「寂然不動」的狀態中發生。《遺書》卷十
八伊川答蘇季明問

> 曰：「喜怒哀樂未發之前求中，可否？」曰：「不
> 可。既思於喜怒哀樂未發之前求之，又卻是思也。既
> 思即是已發。」

然而，伊川另一方面又卻肯定「未發」狀態是**有**工夫可用功
的。問題是，若工夫**過程本身**不是發生於未發之前的狀態，
則此工夫就必是發生於「已發」的狀態階段無疑——此即伊
川所言的『平日涵養』（按：屬已發狀態之活動）。

　　從上述的推論，我們可以看見，雖然從**本體論**的角度來
說，伊川接受「未發」和「已發」是兩截異質的階段；但從
實踐工夫的角度來說，**已發**狀態中的「涵養」工夫，卻是應
該可以對**未發**狀態發生轉化的效用。而我們必須注意，伊川

---

23 《遺書》卷廿五：『「喜怒哀樂之未發謂之中。」**中**也者，言**寂然不
　　動**者也。故曰「天下之大本」。「發而皆中節謂之和。」**和**也者，言
　　感而遂通者也，故曰「天下之達道」。』伊川在此提出以「寂然不
　　動」解「中」，以「感而遂通」解「和」。

一直都是緊扣著這實踐工夫的角度回答蘇季明的詢問，故他並不著意於「中」是否有個「體」的本體論問題。[24] 然而，如何才知道那未發的狀態是怎樣的氣象呢？伊川仍舊從實踐的角度去解答，指出關鍵在於察驗**既發之濟**（即喜怒哀樂剛出現的一瞬間）是否能夠「**中節**」，而能否「中節」就呈現出那未發狀態是否是「中」。故伊川所看見的核心問題，是落在**由未發轉入已發之間的關口**[25]。若能「發而皆中節」，就明證了未發狀態已是「中」；若不能發而中節，則表示未發狀態未能「中」。故伊川雖然不贊同蘇季明所謂有『既發之中』這回事，但他卻表示「中」是可以由未發階段直延展至已發階段而表現為「中節」的：

> 發而中節，固是得中。只為將中和來分說，便是和也。

以上釐清伊川的「未發」「已發」說，看見他是就透過已發的表現，去察識未發的氣象。然而，已發狀態中的涵養工夫，又如何可以轉化未發的氣象？若然我們循伊川的見

---

[24] 故當蘇季明問『中莫無**形體**，只是箇言道之題目否？』伊川並無意於本體論上發表見解，只是較模糊地回應：『非也。中有甚形體？然既謂之中，也須有箇形象。』即是說，雖無體，但有一種氣象可見。隨後伊川又返回「觀物」的工夫問題上。見《遺書》卷十八。

[25] 故蘇季明與伊川的對話隨著就轉到「未發」與「已發」之間的問題上。蘇季明問：『然而觀於四者〔喜怒哀樂〕未發之時，**靜時**〔按：未發〕自有一般氣象，及至**接事**〔按：已發〕時又自別，何也？』伊川的回答是：『善觀者不如此，卻於喜怒哀樂已發**之際**觀之。』

解，緊扣著「發而中節」的表現去察識那未發之「中」，則平日涵養之工夫，實在是可以塑造出「發而皆中節」的生命質素。其實這正是工夫論中的「修」與「悟」的相互關聯問題：能夠「發而皆中節」，是在乎一份直覺的智慧。在實踐道德生命的意義上說，「發而皆中節」是指主體在應接事物的時候，能自然地作出合乎天理的**抉擇**。

　　在上一章論「居敬集義」的一節中，我們已指出，『聖人**便自有**中和之氣』（《遺書》卷十八）是由於他有一種轉化了的意志逆取力量，去不受外物所役、所擾，而成就循天理的道德抉擇。[26] 要達至這道德意志的自決，就須要經過「敬」的「直內」和「主一」的操練工夫。[27] 另一方面，縱有內在道德意志的精純，並不保證就能作出**適當**的行動抉擇，故亦須經過不同的「致知」進路（由「讀聖賢典籍」至「觀天地萬物氣象」等）去擴充、提昇一己的道德生命。此即伊川所謂之「集義」。《遺書》卷十八云：

> 敬只是涵養一事。必有事焉，須當集義。只知用敬，不知集義，卻是都無事也。……問：「敬義何別？」曰：「敬上是持己之道，義便知有是有非。順理而行，是為義也。若只守一箇敬，不知集義，卻是都無事也。且如欲為孝，不成只守著一箇孝字？須是知所**以為孝之道**，所以侍奉當如何，溫清當如何，然後能

---

[26] 見上文，第 134 頁及以下。

[27] 見上文，第 134-140 頁。

盡孝道也。」又問：「義只在事上，如何？」曰：
「內外一理，豈特事上求合義也？」

由「敬」的「直內」和「主一」，結合起「致知」的「集
義」工夫，而成就出「發而皆中節」的道德抉擇的智慧。這
就是伊川道德工夫論的全面圖畫。

但值得注意的是，要成就這道德抉擇的**智慧**，背後是連
綿的**涵養**和**操練**工夫。這正是伊川一直所強調的。在他的體
會中，「未發」與「已發」之間有一互動的關係：「未發之
中」的氣象，只有透過「發而皆中節」的具體事象才表現出
來；另一方面，要成就「發而皆中節」的道德智慧，是在於
「平日涵養」中的「敬」與「致知」工夫。應接事物之所
出，正是內心生命氣象之發見處；然要存此內心之「中」，
則並非在於「靜觀未發之氣」（蘇季明所提出的經驗），而
是在於已發之「動」的狀態下的平日涵養工夫。這兩方面的
互動，就正結束了這論「中和」的篇章：

> 蓋人萬物皆備，遇事時各因其心之所重者，更互而
> 出，纔見得重，便有這事出。若能物各付物，便自不
> 出來也。」〔按：此段言「所出」是其心「所重」的
> 發見〕或曰：「先生於喜怒哀樂未發之前下動字、下
> 靜字？」曰：「謂之靜則可，然靜中須有物始得，這
> 裏便是難處。學者莫若且先理會得敬，能敬則自知此
> 矣。」或曰：「敬何以用功？」曰：「莫若主一。」
> 〔按：此段言敬的涵養工夫可以扣住未發的氣象〕

其實，按照伊川上文論『動而見天地之心』的說法，伊川此

答蘇季明是不太妥當的。蘇季明問未發之前究竟應下已發的「動」字？抑下「靜」字？此是一總結性的好問題。就伊川的見解，應該是：就本體學的層次來說，未發之前是「寂然不動」的「靜」；就工夫論的實踐來說，是透過已發的「動」的涵養工夫去轉化未發的氣象。可惜伊川卻答出一句『謂之靜則可』來！弄得自己也糊塗了，然後說出一句意義曖昧和不切思路的『然靜中須有物始得』。最後惟有說『這裏便是難處』。

綜觀全篇「中和」的對話，伊川從工夫論的立場出發，將好些似乎對立的範疇互動地相聯起來──「未發」與「已發」、「靜」與「動」、「悟」與「修」。

(2) 視域與觀照：伊川的「修」與「悟」

借用現象學的描述來說，伊川在此其實是觸及「視域」（horizon）與「觀照」（perspective）之間的相互緊扣關係。

「視域」是人內在生命世界所隱含、先於認知（preknowledge）的背景和界限。因此「視域」是主體的內在結構。[28] 當主體與外在世界接觸而生起認知活動的時候，這種內在結構的「視域」即從主體對世界所持的「觀照」角度（perspective）反映出來。『「觀照」角度存在的事實，是證明了人存在的象限（the plan of human existence）是被「視

---

28 見 H. -G. Gadamer, Truth and Method（New York: Seabury Press, 1975），p. 269.

域」所緊扣住的。」[29] 故一個人所持的某一特定的觀照角度
去理解對象世界,是他內在結構「視域」的呈現。不同象限
的「視域」就具體呈現爲不同的「觀照」角度。「視域」與
「觀照」之間是緊扣起來的。但「視域」與「觀照」具有不
同的本質。「視域」是潛存、先於認知活動的,而「觀照」
則是屬於認知活動的。用中國哲學的詞彙去表達,前者屬
「未發」,而後者則屬「已發」。再者,「視域」是以累積
的「漸」的方式遞增的,而「觀照」則是以「頓」的方式躍
昇的。范培生(Cornelius van Peursen)謂猶如人攀登不同高處
向外俯覽地面,沿上攀登是漸次遞昇,但從不同高度點向外
觀看,則看見地面呈現不同的圖象。[30] 故「視域」的「漸」
增可以呈現爲「觀照」的「頓」改。

從「視域」與「觀照」相互緊扣的架構去看,我們就較
能夠明白伊川爲甚麼每提及「覺悟」時,總是緊扣著「累
積」工夫來說。《遺書》卷十七載伊川云:

> 須是集眾理,然後脫然自有悟處。

又云:

> 但理會得多,相次自然豁然有覺處。

---

29 C. A. van Peursen, 'The Horizon' in Husserl: Expositions and Appraisals,
   ed. F. Elliston and P. McCormick (Notre Dame: University of Notre
   Dame Press, 1977), p. 188.

30 同上。宗密亦曾用相似之例去解說「漸悟漸修」,就如《圓覺經大
   疏》云:『如登九層之臺,足履漸高,所鑒漸遠。』參冉雲華:《宗
   密》(台北:東大,1988),第 182-183 頁之討論。

這種見解更清楚表達於《遺書》卷十八：

> 問：「學何以有至覺悟處？」曰：「莫先致知。能致
> 知，則思一日愈明一日，久而後有覺也。學而無覺，
> 則何益矣？又奚學爲？『思曰睿，睿作聖。』纔思便
> 睿，以至作聖，亦是一箇思。故曰：「勉強學問，則
> 聞見博而智益明。」

「睿」是通達義，是智慧。而伊川曰：『「思曰睿」，**思慮
久後，睿自然生。**』同一卷書中，上文曾引述張旭學草書一
例，問『**悟筆法**，莫是**心常思念**至此而感發否？』伊川答：
『然。**須是思方有感悟處**，若不思，怎生得如此？』「思」
是「漸」，而「睿」則「頓」。可見「修」與「悟」在伊川
的工夫論中是緊扣相連的。故曰：『積習既多，然後脫然自
有貫通處。』（《遺書》卷十八）

(三) 修─悟─把持

　　本書將道德生命提昇的歷程，嘗試放入「修─悟─把
持」的三元格局中去了解。在以上第二及第三章已分述程明
道及程伊川在這方面的見解和體會。總括而言，若我們以
「體悟」爲道德生命的躍昇，則「悟」前需要有「涵養累
積」的工夫，「悟」後亦有「念念不怠不息」的「把持」工
夫。三者是相互緊扣連結的。而由於這三元的工夫格局在人
的道德實踐歷程中，絕非一生只可以發生一次，而是延綿不
斷的延展著，而天理亦隨之在道德生命中逐步朗現。既然人
在生命中體驗「悟」是多次的，因而「把持」亦可以成爲另
一次「悟」的漸「修」。因此，「修─悟─把持」在道德義

理格局上雖然是先後三分，但在具體道德生命不斷提昇的歷程中，卻是相互交錯、相依相衍的。這即是二程工夫論的相通之處。

　　然而，令二程在道德工夫論相異的核心問題何在？關鍵是落在二人對「體悟」的**進路**及**方向**有不同的理解和體會。明道與伊川雖然都言及「覺悟」，但二人所謂的「悟」是不相同的。明道的「悟」，是一種圓頓的觀照境界，在這境界之中，主客相對的分別相被化掉，從更高的層次去理解對象世界和人生。故此，明道對此種「悟」的境界的工夫進路是「閑邪」和「減」（簡約），將生命簡單化到了極度。這是明道的「悟」及其工夫。伊川的「悟」，則有極不同之意向。伊川之所謂「悟」，是在於內心涵養出一種對道德生命的敏銳力，就可以在生命各種對外格物致知的經驗（讀聖賢典籍、體察歷史人物，日常生活與人溝通及應物，觀天地萬物氣象）中，處處皆可感應出內在道德生命提昇的「德性之知」。因此伊川的「悟」並不是指向圓頓的觀照境界，而是在事事物物的接觸和體驗中悟出（感應）內在道德生命的提昇。故其工夫進路當然不在「減」，反而是不斷的「積集」存誠而成就的。可見明道、伊川二人雖同言及「悟」及「工夫」，但其意向及體會則極不相同。

　　當然，程明道與程伊川二人在工夫進路與方向上的不同，亦是與二人不同的氣質和體會相應的。蓋明道一生灑脫，秋日亦能偶成詩云：『閑來無事不從容，睡覺東窗日已

紅。萬物靜觀皆自得，四時佳興與人同。』[31] 而伊川，卻謂
『吾平生不啜茶，亦不識畫』，更不寫詩。[32] 兄弟二人氣質
之異，亦自可見。既然二程之道德工夫論各具特色，亦自有
其不同之門人後學去承傳，去肯定其不同之獨特貢獻。然
而，我們亦無須以派性之見，去過份貶抑一方。蓋就「修—
悟—把持」的道德提昇三元格局來看，伊川對「漸修」之
學，處理得較仔細，但明道卻對「悟」的境界描繪得傳神。
我們雖然不宜將兩種不同氣質的道德工夫牽強地結合成一個
系統，但兩者精采之處亦可以相互參考，讓我們現代人在其
中找到宜己之敎。

---

31 見《河南程氏文集》卷三（明道先生文三）。

32 見《伊川學案》（下）「附錄」。

參考資料選輯

一·　二程生平著作古籍原典

（宋）朱熹編，（宋）程顥、程頤原撰：《和刻本漢籍二程全書附索引》（上、下）（京都：中文出版社，1979）。

《二程集》（四卷）（北京：中華書局，1981）。

Chan, Wing-tsit. A Source Book in Chinese Philosophy. Princeton: Princeton Universtiy Press, 1963, ch. 31 'The Idealistic Tendency in Ch'eng Hao' and ch. 32 'The Rationalistic Tendency in Ch'eng I'. Pp. 518-571.

（明）黃宗羲撰，（清）全祖望補：《宋元學案》（上冊），卷十三、十四《明道學案》；卷十五、十六《伊川學案》。楊家駱主編：《歷史學案第一期書》（台北：世界書局，1983 年四版）。

（清）王梓材，馮雲濠編：《宋元學案補遺》卷十三至十六「明道學案補遺（上、下）」，「伊川學案補遺（上、下）」（台北：世界書局，1962）。

朱熹撰，（明）呂柟抄釋：《二程子抄釋十卷》，《宋四子抄釋》。楊家駱主編：《增訂中國學術名著第一

輯》（台北：世界書局，1980 年再版），第 45-235
　　　　頁。

（宋）朱熹編，（清）張伯行集解：《近思錄集解》（台
　　　　北：世界書局，1981 再版）。

《宋史》第 427 卷「列傳第 186」道學（一）。

（宋）朱熹編，李幼武編：《宋名臣言行錄五集》，「皇朝
　　　　道學名臣言行外錄卷第二、三」。載於《宋史資料
　　　　萃編第一輯》〔趙鐵寒主編〕（台北：文海，
　　　　1968），第 1765-1830 頁。

二、民國以來直接論二程的主要著作

　　　　（以下作品的編排，是按作者寫作的先後次序而列出。
由於編印出版日期並不一定相等於該作品的寫成日期，故筆
者透過考據有關文獻、自序或代序等而鑑定其寫作日期，然
後將該作安放在適當的次序位置。由於大部份鑑定作品年份
的根據都頗明顯，筆者亦無須細列其中枝節。）

賈豐臻：「大程子」；「二程子」，《宋學》（上海：商
　　　　務，1929），第40-61頁。

馮友蘭：《中國哲學史》（上海：商務，1935 版）。

管道中：《二程研究》（上海：中華書局，1937 版）。

何炳松：《浙東學派溯源》（上海：商務，1932）。

　一　：《程朱辨異》（香港：崇文書店，1971 抽印版）。

陳鐘凡：「程顥之一元學說」；「程頤之理氣二元論」；
　　　　「程氏學派」，《兩宋思想述評》（台北：華世出

版社，1977 年再版），第 74-146 頁。

姚名達：《程伊川年譜》（上海：商務印書館，1936）。

夏君虞：《宋學概要》（台北：華世，1976 版）。

程兆熊：「程明道的『坐如泥塑人』」；「程伊川的『不啜茶，亦不識畫』，《大地人物——理學人物之生活的體認》，第 45-68 頁，合編於《完人的生活與風姿》（台北：大林，1978 再版）。

蔣伯潛：「二程」（上、下），《理學纂要》（台北：正中，1978 再版），第 43-67 頁。

Ts'ai, Yung-ch'un：'The Philosophy of Ch'eng I: A Selection of Texts from the complete Works Edited and Translated with Introduction and Notes.' Ph.D. dissertation, Columbia University, 1950.

西順藏：「程明道の天理」，《中國思想論集》（東京：筑摩書局，1969 版），第 220-248 頁。

狩野直喜：「程顥」；「程頤」，《中國哲學史》（東京：岩波書店，1953），第 374-388 頁。

國士館大學附屬圖書館編：「二程子論」；「續二程子論」，《楠本正繼先生中國哲學研究》（東京：國士館大學附屬圖書館，1975），第 237-306 頁。

唐君毅：「二程即人道所言天道，即性理以言天理，與氣之生生不息義」，「程子之窮理盡性即至命論，與天命、及外所遇之命」，《中國哲學原論》「導論篇」（香港：新亞研究所，1974 版），第 425-432，

589-594 頁。

— ：「原性（十二）二程之即生道言性與即理言性」，
《中國哲學原論》「原性篇」（香港：新亞研究
所，1974年再版），第 336-357 頁。

張君勱：「宋儒哲學之理性基礎（一、二）：程明道；程
頤」，《新儒家思想史》（上冊）（台北：張君勱
先生獎學金基金會，1979 版），第 159-196 頁。

Graham, A. C.：Two Chinese Philosophers: Ch'êng Ming-tao and
Ch'êng Yi-ch'uan. London: Lund Humphries, 1958.

市川安司：《程伊川哲學の研究》（東京：東京大學出版
會，1964）。

林科棠：「程明道」；「程伊川」，《宋儒與佛教》〔王雲
五主編〕（台北：台灣商務，1966），第 34-41；
44-46 頁。

劉彩姮：「二程子哲學之研究」（台北：私立中國文化大學
碩士論文，1966）。

牟宗三：「程明道之一本論」；「程伊川的分解表示」，
《心體與性體》（第二冊）（台北：正中，
1975），第一、二章，第 1-427 頁。

錢　穆：「朱子對濂溪橫渠明道伊川四人之稱述」，《朱子
新學案》（三）（台北：三民，1971），第 48-159
頁。

黃公偉：「洛學本期與『洛學』程顥」：「洛學本期與『洛
學』程頤」，《宋明清理學體系論史》（台北：幼

獅書店，1971），第98-125頁。

山本命：「程明道の儒學」；「程伊川の儒學」，《宋時代儒學の倫理的研究》，（東京：理想社，1973），第二、四章，第 177-260，385-504 頁。

李群英：「程顥」；「程頤」，《王陽明與中國之儒家》（台北：中華書局，1974），第三章：「中國儒家學說之源流」，第 280-290 頁。

楊樹榮：「程頤教育思想研究」（台北：私立中國文化學院碩士論文，1974）。

唐君毅：「程明道之無內外、徹上下之天人不二之道」（上、下）；「程伊川于一心，分性情、別理氣，以敬直內，以格物窮理應外之道」（上、下），《中國哲學原論》「原教篇」（香港：新亞研究所，1975），第 119-201 頁。

羅　光：「程顥的哲學思想」；「程頤的哲學思想」，《中國哲學思想史》（三）（台北：先知，1976），第 275-404 頁。

蔡仁厚：「程明道」（一至五）；「程伊川」（一至五），《宋明理學》（北宋篇）（台北：學生書局，1977），第八至十七章，第 219-447 頁。

韋政通：「二程」，《中國哲學辭典》（台北：大林，1977），第 40-42 頁。

錢　穆：「程顥」，「程頤」，《宋明理學概述》（台北：學生，1977），第 68-102 頁。

森三樹三郎：「程明道——天理、萬物一體の仁」，「程伊川
　　　　——性即理・理氣二元論」，《中國思想史（下）》
　　　　（東京：第三文明社，1978），第八章：「宋代の
　　　　思想」，第 336-345 頁。

土田健次郎：「程顥と程頤における氣の概念」，《氣の思
　　　　想：中國における自然觀と人間觀の展開》〔小野
　　　　沢精一等編〕（東京：東京大學出版會，1978），
　　　　第 417-437 頁。

曾振都：「程明道仁道思想之研究」（台北：私立中國文化
　　　　學院碩士論文，1978）。

Chan, Wing-tsit：'Patterns for Neo-Confucianism: Why Chu Hsi
　　　　Differed from　Ch'eng I?' Journal of Chinese
　　　　Philosophy 5 （1978）:101-126.

戴景賢：《北宋周張二程思想之分析》（台北：國立台灣大
　　　　學出版委員會，1979 初版）。

董金裕：「敬義夾持，相反相成的二程的兄弟」，《宋儒風
　　　　範》（台北：東大圖書公司，1979），第 37-46
　　　　頁。

臧廣恩：「程明道」，「程伊川」，《中國哲學史》（台
　　　　北：商務，1982 版），第 255-269 頁。

勞思光：「程顥之學」；「程頤之學」，《中國哲學史》
　　　　（第三卷上冊）（香港：友聯，1980），第四章A
　　　　—B，第 221-284 頁。

韋政通：「程顥與程頤」，《中國思想史》（下冊）（台

北：大林，1980），第 1113-1150 頁。

Fang, T. H.：'Neo-Confucianism of the Realistic Type (B)'. In <u>Chinese Philosophy: Its Spirit and Its Development</u>. Taipei: Linking Publishing Co., 1981. Pp. 377-400.

方克立：「論程頤的知行學說」，《中國哲學》〔《中國哲學》編委會編〕，第五輯，（北京：三聯，1981），第 100-117 頁。

張立文：「洛學——程顥、程頤的道學思想」，《宋明理學研究》（北京：中國人民大學出版社，1985），第四章，第 259-374 頁。

徐復觀：「程朱異同——平舖地人文世界與貫通地人文世界」，《中國思想史論集續編》（台北：時報文化，1982），第 569-611 頁。

陳榮捷：「程氏學派」，「程頤」，「程顥」，《中國哲學辭典大全》〔韋政通主編〕（台北：水牛出版社，1983），第 556-566 頁。

侯外廬，邱漢生，張豈之主編：「程顥程頤的理學思想」，《宋明理學史》（上卷）（北京：人民出版社，1984），第 127-180 頁。

陳　來：「關於程朱理氣學說兩條資料的考證」，《中國哲學史研究》第 11 期（1983）：85-88。

吳　怡：「程朱的思想及其對理學的貢獻」，《中國哲學發展史》（台北：三民，1984），第 443-456 頁。

岡田武彥：「宋學の精神」，《宋明哲學の本質》（東京：

　　　　木耳社，1984），第六章，第 113-120 頁。

李承煥：「程明道思想中『價值』之根據與其實踐的問題」
　　　　（台北：台大哲學研究所碩士論文，1984）。

Henderson, John B.：'Correlative Cosmology in the Ch'eng-Chu
　　　　School.' In The Development and Decline of Chinese
　　　　Cosmology.　New York:　Columbia University　Press,
　　　　1984. Pp. 126-131.

馮耀明：「二程的道德教育思想及其當代意義」，《中國哲
　　　　學的方法論問題》（台北：允晨，1989），第 57-
　　　　116 頁。

曾春海：「二程哲學思想述要」，《中國哲學史研究》第 18
　　　　期（1985）：67-77。

熊　琬：「程顥與佛學」；「程頤與佛學」，《宋代理學與
　　　　佛學之探討》（台北：文津，1985），第二章第
　　　　三、四節，第 101-131 頁。

孫振青：「程明道」；「程伊川」，《宋明道學》（台北：
　　　　千華，1986），第三、四章，第 133-270 頁。

張德麟：《程明道思想研究》（台北：學生，1986）。

李日章：《程顥・程頤》（台北：東大，1986）。

劉象彬：《二程理學基本範疇研究》（河南：河南大學，
　　　　1987）。

賈順先：「宋明理學創始人程顥、程頤的"天理"哲學」，
　　　　《宋明理學新探》（成都：四川人民，1987），第
　　　　三章，第 65-96 頁。

楊祖漢：「程伊川的才性論」，《鵝湖》第129期（1986）：30-38。

石訓等：「程顥、程頤的哲學思想」（上、下），《北宋哲學史》（下卷）（河南：人民，1987），第十七、十八章，第 195-288 頁。

徐遠和：「洛學的創始人——程顥、程頤」；「二程的洛學」（上、中、下），《洛學源流》（濟南：齊魯書社，1987），第三至六章，第 46-190 頁。

潘富恩、徐餘慶：《程顥程頤理學思想研究》（上海：復旦大學，1988）。

孫振青：「程伊川哲學」，《中國哲學史研究》第 28 期（1987）：79-94。

張永儁：《二程學管見》（台北：東大，1988）。

沈善洪，王風賢：「程顥、程頤的倫理學說」，《中國倫理學說史》（下）（蕭山：浙江人民，1988），第 82-117 頁。

盧連章：《二程學譜》（鄭卅 ：中卅古籍，1988）。

龐萬里：《二程哲學體系》(北京：航空航天大學，1992)。

鍾彩鈞：「二程心性說析論」，《中央研究院中國文哲研究集刊》第一期（1991）：413-449；「二程本體論要旨探究——從自然論向目的論的展開」，同上第二期（1992）：385-422；「二程道德論與工夫論述要」，同上第四期（1994）：1-36。

三、中文、日文參考書目

方東美：《中國人生哲學》（台北：黎明文化，1979）。

　　一　：《中國大乘佛學》（台北：黎明文化，1984）。

　　一　：《生生之德》（台北：黎明文化，1979）。

　　一　：《華嚴宗哲學》（上、下冊）（台北：黎明文化，
　　　　1980）。

王邦雄、曾昭旭、楊祖漢：《論語義理疏解》（台北：鵝
　　　　湖，1985）。

　　一　：《孟子義理疏解》（台北：鵝湖，1985）。

王守仁：《王陽明全書》（台北：正中，1953）。

王　煜：《儒家的中和觀》（香港：龍門，1967）。

中國哲學史學會編：《論宋明理學》（杭州：淅江人民，
　　　　1983）。

石訓等著：《北宋哲學史》（上下卷）（河南：人民，
　　　　1987）。

冉雲華：《宗密》（台北：東大，1988）。

甲　凱：《宋明心學評述》（台北：台灣商務，1967）。

朱秉義：《王陽明入聖的工夫》（台北：幼獅，1979）。

朱　熹：《四書集注》（長沙：岳麓，1985）。

　　一　：《語子語類》，（宋）黎靖德編（北京：中華，
　　　　1986），共八冊。

牟宗三：《牟宗三先生的哲學與著作》（台北：學生，
　　　　1978）。

一　：《中國哲學的特質》（香港：人生，1963）。

一　：《道德的理想主義》（台北：學生，1978）。

一　：《政道與治道》（台北：廣文，1974）。

一　：《歷史哲學》（台北：學生，1976 增訂四版）。

一　：《心體與性體》（第一、二、三冊）（台北：正中，1968/1969）。

一　：《從陸象山到劉蕺山》（台北：學生，1979）。

一　：《智的直覺與中國哲學》（台北：台灣商務，1971）。

一　：《佛性與般若》（上下冊）（台北：學生，1977）。

一　：《康德的道德哲學》（台北：學生，1982）。

一　：《圓善論》（台北：學生，1985）。

一　：《中國哲學十九講》（台北：學生，1983）。

成中英：《中國哲學的現代化與世界化》（台北：經聯，1985）。

一　：「方法概念與本體詮釋學——一個方法論的新建構」，《中國論壇》第 19 卷（1984）：49-54。

沈善洪、王風賢：《中國倫理學說史（上下卷）》（杭州：浙江人民，1985/1987）。

岑溢成：《大學義理疏解》（台北：鵝湖，1985）。

吳　怡：《中庸誠的哲學》（台北：東大，1976）。

（明）徐必達編：《周張全書》（京都：中文，1981）。

阿部正雄：《禪與西方思想》（Zen and Western Thought），

王雷泉、張汝倫譯（上海：譯文，1989）。

胡　宏：《胡宏集》（北京：中華，1987）。

姜國柱：《張載的哲學思想》（瀋陽：遼寧人民，1982）。

高宣揚：《解釋學簡論》（香港：三聯，1988）。

高攀龍：《高子遺書》（卷三、卷十）。

秦家懿：《王陽明》（台北：東大，1987）。

徐崇溫：《結構主義與後結構主義》（瀋陽：遼寧，
　　　　1986）。

殷　鼎：《理解的命運：解釋學初論》（北京：三聯，
　　　　1988）。

荒木見悟：《佛教と儒教》（東京：平樂寺書店，1963）。

唐君毅：《中國哲學原論》（導論篇、原性篇、原道篇三卷、
　　　　原教篇）（香港：新亞研究所，1974/1975）。

　一　：《道德自我之建立》（香港：人生，1963）。

　一　：《文化意識與道德理性》（下）（台北：學生，
　　　　1975）。

　一　：《中國文化之精神價值》（台北：正中，1953）。

　一　：《人文精神之重建》（香港：新亞書院，1974）。

　一　：《中西哲學思想之比較研究集》（台北：宗青圖
　　　　書，1978）。

　一　：《生命存在與心靈境界》（上下冊）（台北：學
　　　　生，1977）。

張立文：《中國哲學範疇發展史》（天道篇）（北京：中國
　　　　人民大學，1988）。

張汝倫：《意義的探究——當代西方釋義學》（瀋陽：遼寧人
　　　　民，1986）。

張岱年：《中國哲學大綱》（北京：中國社會科學，
　　　　1982）。

張　載：《張載集》（北京：中華，1978）。

陳　來：《朱熹哲學研究》（北京：中國社會科學，
　　　　1987）。

陳榮華：「孟子人性論之現象學解析」（上、下），《哲學
　　　　與文化》第十卷（1983）：394-402，465-473。

陸九淵：《陸九淵集》（北京：中華，1980）。

勞思光：《中國哲學史》（第一、二、三卷）（香港：中文
　　　　大學崇基書院，友聯，1968，1971，1980）。

　—　：「王門功夫問題之爭議及儒學精神之特色」，《新
　　　　亞學術集刊》第三期（1982）：1-20。

　—　：《大學譯註》（香港：友聯，1964）。

　—　：《中庸譯註》（香港：友聯，1982）。

程兆熊：《易經講義》（香港：新亞書院，1962）。

　—　：《大學講義》（香港：新亞書院，1960）。

　—　：《完人的生活與風姿》（台北：大森，1978）。

馮耀明：《"致知"概念之分析——試論朱熹、王陽明致知論之
　　　　要旨》（星加坡：東亞哲學研究所，1986）。

傅偉勳：《從西方哲學到禪佛教——「哲學與宗教」第一集》
　　　　（台北：東大，1986）。

鈴木大拙：《禪與生活》（Zen Buddhism），劉大悲譯（台

北：志文，1960）。

鈴木大拙、佛洛姆：《禪與心理分析》（Buddhism and Psychoanalysis），孟祥森譯（台北：志文，1977）。

葛兆光：《禪宗與中國文化》（上海：人民，1986）。

楊承彬：《中國知行學說研究》（台北：台灣商務，1978）。

楊祖漢：《中庸義理疏解》（台北：鵝湖，1984）。

廖炳惠：《解構批評論集》（台北：東大，1985）。

趙吉惠、郭惠安主編：《中國儒學辭典》（瀋陽：遼寧人民，1989）。

蒙培元：《理學的演變：從朱熹到王夫之戴震》（福州：福建人民，1984）。

　— ：《理學範疇系統》（北京：人民，1989）。

劉百閔：《易事理學序論》（香港：學不倦齋，1965）。

劉述先：《朱子哲學思想的發展與完成》（台北：學生，1984）。

劉述先編：《儒家倫理研討會論文集》（星加坡：東亞哲學研究所，1987）。

劉建國：《中國哲學史史料學概要》（上下）（吉林：人民，1981）。

蔡仁厚：《宋明理學》（南宋篇、北宋篇）（台北：學生，1978／1980）。

鄧元忠：《王陽明聖學探討》（台北：正中，1975）。

錢　穆：《朱子新學案》（五冊）（台北：三民，1970）。

龍潛庵：《宋元語言詞典》（上海：上海辭書，1985）。

謝仲明：《儒學與現代世界》（台北：學生，1986）。

羅　光：《儒家形上學》（台北：中華文化，1957）。

　　一　：《中國哲學思想史》（三冊）（台北：先知，1976）。

四、西文參考書目

Apel, K.-O. 'Diltheys Unterscheidung von ‚Erklären' und ‚Verstehen' in Lichte der Problematik der modernen Wissenschaftstheorie.' In Dilthey und die Philosophie der Gegenwart. Edited by E. W. Orth. Freiburg/Munich: Verlag Karl Alber, 1985. Pp. 285-347.

Bartsch, H. W., ed. Kerygma and Myth: A Theological Debate. Vol. 1. London: SPCK, 1960.

Bauer, K. Der Denkweg von Jürgen Habermas zur Theorie des kommunikativen Handelns. Regensburg: S. Roderer Verlag, 1987.

Betti, E. Allgemeine Auslegungslehre als Methodik der Geisteswissenschaften. Tübingen: J. C. B. Mohr, 1967.

—. Die Hermeneutik als Allgemeine Methodik der Geisteswissenschaften. Tübingen: J. C. B. Mohr, 1962.

Bleicher, J. Contemporary Hermeneutics: Hermeneutics as Method, Philosophy and Critique. London: Routledge and Kegan Paul, 1980.

Bultmann R. Existence and Faith. Cleveland: World Publishing Co., 1960.

—. History and Eschatology. Edinburgh: Edinburgh University Press, 1975.

—. New Testament and Mythology. Philadelphia: Fortress, 1984.

Burnet, J. Early Greek Philosophy. London: Adam and Charles Black, 1908.

—. Greek Philosophy: Thales to Plato. London: Macmillan, 1964.

Collingwood, R. G. The Idea of History. London: Oxford University Press, 1946.

Chu Hsi. Reflections on Things at Hand: The Neo-Confucian Anthology. Translated by Wing-tsit Chan. New York: Columbia University Press, 1967.

De Bary, W. T., ed. Self and Society in Ming Thought. New York: Columbia University Press, 1970.

—. The Unfolding of Neo-Confucianism. New York: Columbia University Press, 1975.

Deikman, A. 'Deautomatization and the Mystic Experience.' Psychiatry 29 (1966): 329-343.

Dilthey, W. Gesammelte Schriften. [edited by B. Groethuysen et. al.] Stuttgart: B. G. Teubner Verlagsgesellschaft, 1913.

Elliston, F. and McCormick, P. ed. Husserl: Expositions and Appraisals. Notre Dame: University of Notre Dame

Press, 1977.

Ermarth, M. <u>Wilhelm Dilthey: The Critique of Historical Reason</u>. Chicago: University of Chicago Press, 1978.

Fang, T. H. <u>Chinese Philosophy: Its Spirit and its Development</u>. Taipei: Linking Publishing Co., 1981.

Forke, A. <u>Geschichte der neueren chinesischen Philosophie</u>. Hamburg: de Gruyter & Co.,1938.

Freeman, K. <u>Ancilla to the Pre-Socratic Philosophers</u>. Oxford: Basil Blackwell, 1971.

Fromm, E. <u>Marx's Concept of Man</u>. New York: Frederick Ungar Publishing Co.,1961.

Gadamer, H. -G. <u>Philosophical Hermeneutics</u>. Berkeley: University of California Press, 1976.

— . <u>Wahrheit und Methode: Grundzüge einer philosophischen Hermeneutik</u>. Tübingen: J. C. B. Mohr, 1986. English Translation by J. Weinsheimer and D. G. Masshall as <u>Truth and Method</u>. New York: Crossroad, 1989.

Garrigou-Lagrange, R. <u>The Three Ways of The Spiritual Life</u>. Rockford: Tan Books and Publishers, 1977.

Gedalecia, D. 'Wu Ch'eng's Approach to Internal Self-cultivation and External Knowledge-seeking.' In <u>Yüan Thought: Chinese Thought and Religion Under the Mongols</u>. Edited by H. L. Chan and W. T. de Bary. New York: Columbia University Press, 1982.

Gould, C. C. Marx's Social Ontology: Individual and Community in Marx's Theory of Social Reality. Cambridge, Massachusetts: MIT Press, 1980.

Guthrie, W. K. C. The Greek Philosophers: From Thales to Aristotle. London: Methuen,1967.

Habermas, J. Communication and the Evolution of Society. Boston: Beacon Press, 1979.

— . Theorie des Kommunikativen Handelns, vol. 1: Handlungs-srationalität und gesellschaftliche Rationalisierung. Frankfurt: Suhrkamp Verlag, 1981. English translation by T. McCarthy as The Theory of Communicative Action, vol. 1: Reason and Rationalization of Society. Boston: Beacon Press, 1984.

—. Vorstudien und Ergänzungen zur Theorie des kommunikativen Handelns. Frankfurt: Suhrkamp, 1984.

Heidegger, H. Basic Writings. New York: Harper and Row, 1977.

— . Sein und Zeit. Tübingen: Max Niemeyer Verlag, 1960. English Translation by J. Macquarrie and E. Robinson as Being and Time. Oxford: Basil Blackwell, 1978.

Hodges, H. A. The Philosophy of Wilhelm Dilthey. London: Routledge Kegan Paul, 1952.

Holm, N. G., ed. Religious Ecstasy. Uppsala: Almqvist and Wiksell, 1982.

Howard, Roy J. Three Faces of Hermeneutics. Berkeley:

University of California Press, 1982.

Hussey, E. The Presocratics. London: Gerald Duckworth, 1972.

Ingram, D. Habermas and the Dialectic of Reason. New Haven: Yale University Press, 1987.

Johnston,W. The Inner Eye of Love: Mysticism and Religions. Glasgow: Collins, 1978.

── . Silent Music: The Science of Meditation. Glasgow: Collins, 1976.

── . The Still Point: Reflections on Zen and Christian Mysticism. New York: Fordham University Press, 1970.

Kant's Critique of Practical Reason and other works on the Theory of Ethics. Translated by T. K. Abbott. London: Longmans, Green and Co., 1879.

Kasulis, T. P. Zen Action/Zen Person. Honolulu: University Press of Hawaii, 1981.

Katz, S. T., ed. Mysticism and Philosophical Analysis. London: Sheldon Press, 1978.

Kenny, A. Will, Freedom and Power. Oxford: Basil Blackwell, 1975.

Kirk, G. S. and Raven, J. E. The Presocratic Philosophers. London: Cambridge Univesity Press, 1960.

Klemm, D. E. The Hermeneutical Theory of Paul Ricoeur. Lewisburg: Bucknell University Press, 1983.

Knowles, D. What is Mysticism? London: Burns and Oates, 1967.

Kockelmans, J. 'Destructive Retrieve and Hermeneutic Phenomenology in "Being and Time".'In Radical Phenomenology: Essays in Honor of Martin Heidegger. Edited by J. Sallis. Atlantic Highlands: Humanities Press, 1978.

Laski, M. Ecstasy. New York: Greenwood Press, 1968.

Leung, T. I.-S. 'The Fang-fa (Method) and Fang-fa-lun (Methodology) in Confucian Philosophy.' Ph.D. dissertation, University of Hawaii, 1986.

Lewis, I. M. Ecstatic Religion: An Anthropological Study of Spirit Possession and Shamanism. Harmondsworth: Penguin Books, 1971.

Livergood, N. D. Activity in Marx's Philosophy. The Hague: Martinus Nijhoff, 1967.

Luckmann, T. Life-World and Social Realities. London: Heinemann, 1983.

Macmurray, J. Persons in Relation. London: Faber and Faber, 1961.

—. Self as Agent. New York: Harper and Brothers, 1975.

Macquarrie, J. An Existentialist Theology: A Comparison of Heidegger and Bultmann. New York: Macmillan, 1955.

—. The Scope of Demythologizing: Bultmann and his Critics. London: SCM, 1960.

Marx, K. Capital: A Critique of Political Economy. Vol. 1.

Harmondsworth: Penguin Books, 1976.

— . Grundrisse der Kritik der Politischen Ökonomie. Berlin: Dietz Verlag, 1953.

— . Karl Marx: Early Texts. Ed. by D. McLellan. Oxford: Basil Blackwell, 1979.

Maslow, A. H. Religions, Values, and Peak-Experiences. Harmondsworth: Penguin Books, 1976.

Matthiesen, U. Das Dickicht der Lebenswelt und die Theorie des kommunikativen Handelns. Munich: Wilhelm Fink Verlag, 1983.

May, R. Man's Search for Himself. London: Souvenir Press, 1975.

McCarthy, T. The Critical Theory of Jürgen Habermas. Cambridge: Polity Press, 1984.

Metha, J. L. Martin Heidegger: The Way and the Vision. Honolulu: University Press of Hawaii, 1967.

Moore, C. A. ed. The Chinese Mind: Essentials of Chinese Philosophy and Culture. Honolulu: University of Hawaii Press, 1967.

Moran, P. E. 'Explorations of Chinese Metaphysical Concepts: The History of Some Key Terms from the Beginnings to Chu Hsi (1130-1200).' Ph.D. dissertation, University of Pennsylvania, 1983.

Natanson, M., ed. Phenomenology and Social Reality: Essays in Memory of Alfred Schutz. The Hague: Martinus Nijhoff,

1970.

Ornstein, R. E. The Psychology of Conscionsness.
　　Harmondsworth: Penguin Books, 1975.

Owens, T. J. Phenomenology and Subjectivity. The Hague:
　　Martinus Nijhoff, 1970.

Palmer, R. E. Hermeneutics. Evanston: Northwestern University
　　Press, 1969.

Plantinga, T. Historical Understanding in the Thought of Wilhelm
　　Dilthey. Toronto: University of Toronto Press. 1980.

Pusey, M. Jürgen Habermas. London: Tavistock Publications,
　　1987.

Rickman, H. P. Wilhelm Dilthey: Pioneer of the Human Studies.
　　London: Paul Elek, 1979.

Ricoeur, P. The Conflict of Interpretations: Essays in
　　Hermeneutics. Evanston:　Northwestern University
　　Press, 1974.

— . Freedom and Nature: The Voluntary and the Involuntary.
　　Evanston: Northwestern University Press, 1966.

— . Interpretation Theory: Discourse and the Surplus of Meaning.
　　Fort Worth: Texas Christian University Press, 1976.

— . 'The Model of the Text: Meaningful Action Considered as a
　　Text.' Social Research 38 (1971): 529-562.

Rotenstreich, N. Theory and Practice: An Essay in Human
　　Intentionalities. The Hague: Martinus Nijhoff, 1977.

Rowan, J. Ordinary Ecstasy: Humanistic Psychology in Action. London: Routledge and Kegan Paul, 1976.

Scharfstein, B. Mystical Experience. Oxford: Basil Blackwell, 1973.

Schleiermacher, F. Hermeneutics: The Handwritten Manuscripts. Missoula: Scholars Press, 1977.

Schmit, R. Martin Heidegger on Being Human. Gloucester: Peter Smith, 1976.

Schrag, C. O. Communicative Praxis and the Space of Subjectivity. Bloomington: Indiana University Press, 1986.

— . Experience and Being: Prolegomena to a Future Ontology. Evanston: Northwestern University Press, 1969.

Schütz, A. Der sinnhafte Aufbau der sozialen Welt. Frankfurt : Suhrkamp, 1974. English translation by G. Walsh and F. Lehnert as The Phenomenology of the Social World. London: Heinemann, 1972.

— . 'Some Sturctures of the Life-World.' In Alfred Schutz's Collected Papers III, pp. 116-132. Edited by I. Schutz. The Hague: Martinus Nijhoff, 1966.

Schütz, A., and Luckmann, T. Strukturen der Lebenswelt. Vol. 1. Frankfurt: Suhrkamp,1979. English Translation as The Structures of the Life-World. Evanston: Northwestern University Press, 1973.

— . Die Strukturen der Lebenswelt. Vol. 2. Frankfurt: Suhrkamp,

1983. English Translation as The Structures of the Life-World. Vol. 2. Evanston: Northwestern University Press, 1989.

Shapiro, G., and Sica, A., ed. Hermeneutics: Questions and Prospects. Amherst: University of Massachusetts Press, 1984.

Spiegelberg, H. The Phenomenological Movement: A Historical Introduction. The Hague:Martinus Nijhoff, 1982.

Staal, F. Exploring Mysticism. Harmondsworth: Penguin Books, 1975.

Suzuki, P. T. Mysticism Christian and Buddhist: The Eastern and Western Way. New York: Collier, 1962.

Taylor, Rodney L. The Cultivation of Sagehood as a Religious Goal in Neo-Confucianism: A Study of Selected Writings of Kao P'an-lung, 1562-1626. Missoula: Scholars Press, 1978.

Thatcher, A. The Ontology of Paul Tillich. Oxford: Oxford University Press, 1978.

Thompson, John B. Critical Hermeneutics: A Study in the Thought of Paul Ricoeur and Jürgen Habermas. Cambridge: Cambridge University Press, 1981.

Wachterhauser, B. R., ed. Hermeneutics and Modern Philosophy. Albany: State University of New York Press, 1986.

Wagner, H. R. Phenomenology of Consciousness and Sociology

of the Life-World. Edmonton : University of Alberta Press, 1983.

Wan, M. ' Authentic Humanity in the Theology of Paul Tillich and Karl Barth. ' D. Phil. dissertation, Oxford University, 1984.

Warnke, G. Gadamer: Hermeneutics, Tradition and Reason. Stanford: Stanford University Press, 1987.

Weinsheimer, J. C. Gadamer's Hermeneutics: A Reading of 'Truth and Method'. New Haven : Yale University Press, 1985.

Wood, A. Karl Marx. London: Routledge and Kegan Paul, 1981.

Woods, R., ed. Understanding Mysticism. London: Athlone Press, 1981.

Zaehner, R. C. Mysticism: Sacred and Profane. Oxford: Oxford University Press, 1961.

Zeller, E. Outlines of the History of Greek Philosophy. London: Routledge and Kegan Paul, 1931.

Zimmermann, M. E. Eclipse of the Self: The Development of Heidegger's Concept of Authenticity. Athens: Ohio University Press, 1981.

索　引

【哲學名詞】

【人物、著作】